AF691773

Julie Fisk / Kendra Roehl / Kristin Demery

Best Friends Forever

Für unsere Mütter und unsere Töchter,
die uns zu diesem Buch inspiriert haben.

Über die Autorinnen

Julie Fisk, Kristin Demery und *Kendra Roehl* sind drei Freundinnen. Sie arbeiten seit vielen Jahren als Rednerinnen und Autorinnen zusammen und möchten dazu beitragen, dass die Welt durch Gottes Liebe ein wenig heller wird. Dabei betonen sie immer wieder, wie wichtig authentische Gemeinschaft mit anderen Menschen ist und was für einen positiven Einfluss praktisch erwiesene Freundlichkeit auf unser Zusammenleben haben kann.

Julie Fisk · Kendra Roehl · Kristin Demery

BEST friends FOREVER

100 Andachten

für Mädchen, die echte Freundschaften leben wollen

Aus dem Englischen übersetzt von Maria Leicht-Rombouts

Gerth Medien

Inhalt

Einleitung

Freundinnen können uns so richtig glücklich machen oder in den Wahnsinn treiben. Freundinnen können uns aufbauen, uns in schweren Zeiten helfen und uns motivieren, besser zu werden. Aber sie können uns auch verletzen, Lügen über uns und über andere Leute verbreiten und uns davon abhalten, neue Freunde zu finden.

Da du dieses Buch in den Händen hältst, sind dir gute Freundschaften wahrscheinlich wichtig. Vielleicht bist du mal gemobbt worden oder findest es nicht so leicht, neue Freundschaften zu schließen? Oder vielleicht hast du gute Freundinnen, mit denen es jedoch ab und zu Streit gibt, Missverständnisse oder verletzte Gefühle.

Gott hat uns so geschaffen, dass wir Freundschaften genießen können! Aber wie geht das in einer Gesellschaft, in der wahre, echte Freundschaften keinen großen Stellenwert haben, sondern vielmehr oberflächliche Social-Media-Beziehungen wichtig sind? Gott hat Freundschaften erfunden. Er will uns damit guttun, denn er hat selbst gesagt, dass es nicht gut ist, allein durchs Leben zu gehen. Außerdem möchte Gott immer unser treuester Freund bleiben, egal, was in unserem Leben passiert, auch dann, wenn Freunde uns enttäuschen. Von ihm dürfen wir lernen, mit ihm können wir immer über alles reden.

Freundschaften blühen auf, wenn wir Zeit in die Beziehungen investieren und darauf hören, was Gott zum Thema „gute Beziehungen" sagt. Willst du wissen, was Gottes Sicht auf Ärger, Konflikte, Enttäuschung, Eifersucht und Konkurrenzkampf ist? Wie all das unseren Freundschaften schadet und was wir in solchen Situationen tun können? Es gibt Möglichkeiten, eine wahre Freundin zu sein, wenn das Leben hart, chaotisch oder unsicher ist! Wenn wir Gottes Sichtweise auf Freundschaften leben, feiern wir es, wenn unsere Freunde Erfolg haben, wenn sie gewinnen und wenn das Leben schön ist.

Dieses Andachtsbuch möchte dir helfen, Antworten auf komplizierte Beziehungsfragen zu finden, starke Freundschaften aufzubauen und deine Freundinnen zu feiern. In der Rubrik „Freundschaft in

Aktion“ findest du im Buch verteilt außerdem coole Anregungen, wie du ganz konkret deine Freundschaften stärken oder neue Freundschaften schließen kannst.

Viel Freude beim Lesen!

1

Ehrlichkeit und Vertrauen

Julie

Wunden, die ein Freund geschlagen hat, sind besser als Küsse von einem Feind.

Sprüche 27,6

„Ich bin so wütend! Was denkt sich Marla eigentlich dabei? Nie wieder rede ich ein Wort mit ihr!“ Ina klappte ihr Schließfach etwas heftiger zu als sonst und drehte sich zu Britta.

„Ich glaube, Marla wusste nicht, dass Chiara Gerüchte über dich rumerzählt hatte, als sie sie fragte, ob sie auch mit ins Kino kommt. Wahrscheinlich wollte sie euch beiden helfen, die Sache zu klären. Sie wollte dich nicht ärgern“, sagte Britta. „Du kannst doch nicht auf jemanden wütend sein, der von der ganzen Story nichts wusste und einfach nur nett sein wollte.“

Ina runzelte die Stirn. Es tat ein bisschen weh, dass Britta eine andere Meinung hatte und zu Marla hielt anstatt zu ihr. „Ich weiß nicht. Vielleicht ist Marla genauso blöd wie Chiara“, antwortete sie.

„Marla war immer eine gute Freundin“, erinnerte Britta sie. „Willst du die Freundschaft zerstören, weil du irgendwas reininterpretierst? Denk mal dran, wie es bei Lisa war.“

Ja, das war ein schlimmer Fehler gewesen. Durch ihre aufbrausende Art war Ina in Schwierigkeiten geraten und hatte dabei fast eine Freundin verloren. Ina seufzte. „Wahrscheinlich hast du recht. Danke, Britta.“

Britta lächelte. Gemeinsam verließen sie die Schule und gingen zur Bushaltestelle.

Eine Freundin, die uns so gern mag, dass sie uns Verbesserungstipps gibt, ist ein wertvoller Segen. Denn es ist viel einfacher, nichts Kritisches zu sagen, als eine Freundin liebevoll zurechtzuweisen. Aus der Bibel lernen wir, dass wahre Freunde uns auf unsere verkehrten Handlungen hinweisen, im Gegensatz zu falschen Freunden, die uns mit schönen Worten einlullen und zu Entscheidungen drängen, die Jesus nicht gefallen.

Möchtest du nicht auch lieber die Wahrheit hören, die in Liebe von Freunden und Familienmitgliedern ausgesprochen wird, als künstliche Schmeicheleien von Leuten, denen du nichts bedeutest? Aber dazu brauchen wir Weisheit. Wir müssen bereit sein, mit offenem Herzen zuzuhören, Verbesserungstipps zu akzeptieren und zu erkennen, dass unsere Freunde und Familienangehörigen zu uns halten, selbst wenn sie uns auf Fehler hinweisen. Die Wahrheit zu hören, fühlt sich in dem Moment zwar schmerzhaft an, aber es ist der einzige Weg, uns weiterzuentwickeln.

Zum Nachdenken

- **Hast du in letzter Zeit eine schmerzhafte Wahrheit ignoriert, die dir eine Freundin im Vertrauen gesagt hat?**
- **Hast du ein schwieriges Gespräch mit jemandem vermieden, den du gern magst und dessen Verhalten du ansprechen möchtest?**

CHALLENGE FÜR DICH

Triff mit deinen Freundinnen eine Vereinbarung, dass ihr einander die Wahrheit sagen möchtet, wenn eine von euch etwas Unkluges tut oder etwas, was gegen Gottes Willen verstößt.

2

Die Neue

Kendra

Liebe deinen Nächsten wie dich selbst.

Matthäus 19,19b

„Bitte, lieber Gott, schick mir eine Freundin“, betete Jessie, während sie sich in der vollen Cafeteria der weiterführenden Schule umsah. Ihr Magen verkrampfte sich, als sie so von Tisch zu Tisch schaute: überall lachende und schwatzende Schüler. Jeder hatte anscheinend bereits seinen Freundeskreis, und keiner bemerkte Jessie, die allein dastand.

Jessies Familie war neu in die Stadt gezogen. Selbst nach mehreren Wochen an der neuen Schule hatte sie noch immer niemanden zum Reden. Jessie ging auf einen Esstisch in der Ecke zu. Vielleicht würde es keiner merken, wenn sie dort ganz allein saß.

„Hi Jessie!“

Jessie drehte sich um und sah Alissa, ein Mädchen aus der neuen Gemeinde.

„Willst du dich zu mir setzen?“, fragte Alissa. Sie deutete in Richtung eines Tisches in der Nähe.

Jessie folgte Alissa zu dem Tisch.

In den nächsten Wochen traf Jessie Alissa immer öfter. In Englisch saßen sie nebeneinander und Jessie entdeckte Alissa auch in ihrem Mathekurs. Schon bald stellte Alissa Jessie auch anderen Mädels vor. Alissa war Gottes Antwort auf Jessies Gebet!

„Die Neue“ zu sein, ist schwer, aber es kann uns in anderen Situationen die Augen dafür öffnen, dass sich jemand Neues vielleicht etwas einsam fühlt. Auch wenn du selbst noch nie „die Neue“ warst, kannst du dir ausmalen, wie es sich anfühlt, an einen fremden Ort zu kommen, wo du keinen kennst. Wenn wir uns in die Lage eines anderen versetzen, trainieren wir unser Mitgefühl. Sobald wir dieses Mitgefühl ernst nehmen und in die Tat umsetzen, indem wir andere einbeziehen, kommt unser Glaube ins echte Leben.

Zum Nachdenken

- Warst du schon mal „die Neue“ in der Schule, in der Gemeinde oder in der Straße? Wie wurdest du von den anderen aufgenommen?

- Fällt dir jemand ein, der in der Schule, in der Gemeinde oder in einer anderen Gruppe von dir „neu“ ist?

CHALLENGE FÜR DICH

Such jemanden, der neu ist, entweder in der Schule, in der Gemeinde oder in deiner Wohngegend. Sei bereit, diese Person freundlich anzusprechen und in deine Gruppe aufzunehmen.

FREUNDSCHAFT IN AKTION

Plane einen Spieleabend bei dir zu Hause und lade jemanden ein, der an deiner Schule oder in deinem Wohnort neu ist.

3

Der Kern einer Freundschaft

Kristin

Der Herr entscheidet nicht nach den Maßstäben der Menschen!
Der Mensch urteilt nach dem, was er sieht,
doch der Herr sieht ins Herz.

1. Samuel 16,7

„Arschbombe!" Zoes Stimme hallte von den Bäumen im Hinterhof wider, als sie vom Sprungbrett hüpfte und die Beine anzog, um den größtmöglichen Spritzer zu erzeugen.

Als sie auftauchte, sah sie ihre beste Freundin Daria auf sich zukommen.

„Hast du einen neuen Badeanzug?", fragte Zoe. „Voll schön!"

Ihren eigenen Badeanzug fand Zoe eigentlich ganz okay. Aber als sie zuschaute, wie Daria am Pool entlanglief, konnte sie nicht anders, als Darias neuen grauen Tankini viel hübscher und figurbetonter zu finden als ihren verblichenen gelb-lila-geblümten Badeanzug.

Als Daria ins Wasser sprang und zu Zoe schwamm, machte sich in Zoe ein Anflug von Eifersucht breit und trübte ihre Stimmung. Anstatt den sonnigen Himmel und das glitzernde blaue Wasser zu genießen, konnte Zoe nur ihren eigenen, alten Badeanzug sehen. Im Vergleich zu Daria fühlte sie sich unscheinbar und unbeholfen.

Doch im Laufe des Nachmittags vergaß Zoe allmählich ihre Eifersucht. Im Mittelpunkt standen wieder der erfrischende Pool und der Spaß, den sie immer mit Daria hatte.

Wir dürfen uns für unsere Freundinnen freuen, wenn sie schöne Dinge haben. Doch gleichzeitig muss uns bewusst sein, dass unsere Bedeutung oder unser Wert nicht von schönen Dingen abhängt. Wie Zoe wünschst du dir vielleicht manchmal, dass die Dinge anders wären, und die Welt um uns herum macht es auch nicht einfacher: Die Werbung zeigt uns trendige Klamotten, hübsche Menschen und die neueste Technik. Aber anstatt uns das zu wünschen, was unsere

Freundin besitzt, oder aussehen zu wollen wie sie, sollten wir an Folgendes denken: Das Allerwichtigste ist immer die innere Schönheit, die Gott uns geschenkt hat!

Gott hat uns so gemacht, wie wir sind, mit voller Absicht, und er macht keine Fehler. Sooft er uns anschaut, sieht er Schönheit. Nehmen wir uns doch vor, uns bewusst auf die Schönheit unserer Freundschaften zu konzentrieren, anstatt uns über unseren Besitz oder unser Aussehen zu ärgern.

Zum Nachdenken

- **Bist du jemals neidisch auf deine Freundinnen gewesen? Was machst du, wenn du versucht bist, dich mit anderen zu vergleichen?**
- **Welche Dinge schätzen deine Freunde an dir? Was sagt Gott über dich?**

CHALLENGE FÜR DICH

Das nächste Mal, wenn du neidisch wirst, mach dir wieder die Gründe bewusst, warum du diese Freundin als Person magst, unabhängig von ihrem Besitz oder Aussehen.

4

Schlechte Geheimnisse

Julie

Wenn er „der Teufel“ lügt, entspricht das seinem Wesen, denn er ist ein Lügner und der Vater der Lüge.

Johannes 8,44

„Mama, können wir reden?“ Lauras Herz pochte, als ihre Mutter von der Spüle aufblickte.

„Ich glaube, meine Freundin Bella braucht Hilfe“, flüsterte Laura und begann zu weinen. „Aber sie hat mich gebeten, geheim zu halten, was sie mir erzählt hat.“

„Oh, Schatz.“ Die Mutter umarmte Laura und die beiden setzten sich an den Küchentisch. „Weißt du noch, dass wir uns versprochen haben, keine Geheimnisse zu wahren, wenn dabei jemand zu Schaden kommen könnte?“

Laura nickte. „Das habe ich Bella auch gesagt. Und dass ihr niemand helfen kann, wenn es keiner erfährt.“

Kennst du das, dass man manchmal glaubt, dass es Gedanken oder Gefühle gibt, die man niemanden weitererzählen darf, weil sie so peinlich oder schlimm sind? Oder weil man glaubt, dass niemand sonst so etwas erlebt? Meistens sind das jedoch Geheimnisse, die keine Geheimnisse sein sollten. Wenn eine Freundin uns bittet, ein solches Geheimnis für uns zu behalten, stecken wir in der Zwickmühle. Denn einerseits wollen wir eine gute Freundin sein, die ihr Wort hält, aber andererseits möchten wir es auch einem Erwachsenen erzählen, dem wir vertrauen, damit unsere Freundin Hilfe bekommt.

Am besten können wir diese Geheimnistuerei stoppen, wenn wir es jemandem erzählen, der Gottes Wahrheit kennt. Deine Mutter, dein Vater, Oma oder Opa, Tante oder Onkel, eine Pastorin, ein Lehrer oder ein anderer Erwachsener, dem du vertraust, ist perfekt für so ein Gespräch, denn sie können uns an die Wahrheit erinnern und uns dabei helfen, einsam machende Geheimnisse zu entlarven.

Zum Nachdenken

- Welchem Erwachsenen vertraust du so sehr, dass du ihm etwas anvertrauen würdest, wenn du selbst (oder eine Freundin) ein Geheimnis hast, was sich gefährlich oder unangenehm anfühlt?

- Behältst du gerade ein Geheimnis für dich, was du einem Erwachsenen deines Vertrauens erzählen solltest? Geh heute hin und rede darüber.

CHALLENGE FÜR DICH

Vereinbare mit einem Erwachsenen deines Vertrauens einen Plan, was du unternehmen kannst, falls dir ein Geheimnis anvertraut wird, das gefährlich klingt. Überlege dabei, was du zu der Freundin oder dem Freund sagen wirst, die dich bitten, es geheim zu halten.

FREUNDSCHAFT IN AKTION

Bist du dir unsicher, ob du mit einem Erwachsenen über eine Situation reden solltest, in der du grad steckst oder eine Freundin/Mitschülerin von dir?
Die Antwort ist Ja, wenn Folgendes zutrifft:

- Ein anderes Mädel hat dir erzählt, dass jemand ihm weh tut (mit Worten oder körperlich).
- Jemand fügt dir Schmerzen zu.
- Du selbst oder ein Freund/eine Freundin spielen mit dem Gedanken, euch selbst zu verletzen.
- Wenn du dir grundsätzlich unsicher bist über die Situation.

5

Ein zweites Zuhause

Kendra

Keiner soll das in den Vordergrund stellen, was ihm selbst nützt, sondern das, was seinem Mitmenschen nützt.

1. Korinther 10,24 (DB)

Mandy und Veronika lernten sich in der Gemeinde kennen und verstanden sich auf Anhieb. Es dauerte nicht lange, bis Veronika Mandy fragte: „Möchtest du mitkommen und mich zu Hause besuchen?"

„Ja, gerne!", antwortete Mandy sofort. Ihr Vater lebte nicht zu Hause. Ihre Mutter war gerade unterwegs und arbeitete ohnehin viel, also war Mandy einsam und sehnte sich nach einer Freundin. Sie war froh über die Einladung.

Veronika und ihre Mutter Claudia merkten bald, dass Mandys Leben zu Hause recht schwer war. Also luden sie das Mädchen immer öfter zu sich ein. Sie backten zusammen, bastelten und verbrachten einfach Zeit miteinander. Veronika und ihre Mutter nahmen Mandy auch mittwochabends mit in ihre Gemeinde.

Mit der Zeit wurde Veronikas Zuhause zu einem zweiten Zuhause für Mandy. Es war für sie ein sicherer Ort, an dem sie Liebe, Mitgefühl und Freundlichkeit erlebte.

Manchmal treffen wir jemanden, dessen Familie nicht der sichere Zufluchtsort ist, der sie eigentlich sein sollte. Wenn wir so jemandem begegnen, möchte Gott, dass wir für diese Person offen sind. Wir sollen andere wahrnehmen, die vielleicht verletzt sind und eine Freundin brauchen. Genau wir können die Person sein, die für andere Menschen da ist, denen es gerade nicht gut geht.

Gott möchte nicht, dass wir uns nur um uns selbst und unser eigenes Leben drehen, sondern dass wir uns auch für andere einsetzen. Das bedeutet, die Augen offen zu halten, ob in unserem Umfeld ein Gleichaltriger oder eine andere Person traurig und einsam ist. Wir können uns für ihr Leben interessieren und jemandem in Not Trost und Unterstützung anbieten. Wir können unser liebevolles Lebensumfeld zu einem zweiten Zuhause für sie machen.

Zum Nachdenken

- **Wer war für dich da, als du mal eine schwere Zeit durchgemacht hast? Wie hat diese Person (oder mehrere) dir ihre Liebe und Fürsorge gezeigt?**

- **Wer in deinem Umfeld braucht vielleicht eine Freundin?**

CHALLENGE FÜR DICH

Halte Ausschau nach jemandem, der einsam ist, und sei die Freundin, die zuhört. Lade diese Person in deinen Freundeskreis oder zu dir nach Hause ein.

6

Achte auf deine Worte

Kristin

Wer seine Zunge im Zaum hält, wird lange leben; wer aber unbedacht redet, der rennt in sein eigenes Verderben.

Sprüche 13,3

Vom Zimmerfenster im zweiten Stock aus konnte Greta die Nachbarsmädchen hören, die draußen auf dem Bürgersteig standen. Sie hatte sich gerade mit ihren Freundinnen gestritten und war einfach weggerannt.

Jetzt war sie doch neugierig, was sie redeten, darum pirschte sie sich nah an ihr Fensterbrett heran, ohne dass die anderen sie sehen konnten.

„Greta ist heute so bestimmerisch“, beschwerte sich Merle. „Sie tut so, als wäre sie unsere Chefin.“

Diese Kritik brachte Gretas Blut in Wallung. Abrupt stand sie auf und wandte sich dem offenen Fenster zu. „Halt die Klappe, du Arschkuh!“, brüllte Greta. Ihre Worte hallten nach draußen und durch das Haus. Fassungslose Stille folgte auf den wütenden Schrei, bis Gretas Schwester Sissi ins Zimmer gestürmt kam. „Was ist denn hier los?“

Als Greta ihre Schwester anschaute, spürte sie, wie ihre Wut sich verwandelte, und brach in Tränen aus. Ihr war ganz flau im Magen beim Gedanken an ihr Verhalten und die gemeinen Worte, die sie gebrüllt hatte. Ihr Temperament war mit ihr durchgegangen und nun musste sie die Konsequenzen tragen.

Worte haben Macht. Das biblische Buch der Sprüche erinnert uns daran: Wenn wir nicht aufpassen, was wir sagen, können die Folgen lange andauern. Worte, die zornig im Streit gesagt werden, lassen sich nicht rückgängig machen und können unsere Freundschaften schädigen. Wut bewirkt oft, dass wir uns innerlich hässlich fühlen. Gerade deshalb sollten wir uns immer wieder entscheiden, ob wir verletzende Worte aussprechen, die unsere Gefühle ausdrücken, oder ob wir sie uns verkneifen. Meinungsverschiedenheiten lassen sich oft in Ruhe lösen, wenn wir unsere Worte klug wählen. Dann müssen wir uns später nicht für Dinge entschuldigen, die wir lieber nicht gesagt hätten. Worte dagegen, die andere aufbauen oder ermutigen, sind Worte, die wir nie bereuen werden.

Zum Nachdenken

- **Wie reagierst du, wenn du einen Streit mit einer Freundin hast oder du etwas Negatives über dich gehört hast? Wählst du deine Worte klug, oder fällt es dir schwer, dann nicht böse zurückzuschießen?**

- **Hast du in letzter Zeit etwas zu deinen Freunden gesagt, wofür du dich entschuldigen müsstest?**

CHALLENGE FÜR DICH

Das nächste Mal, wenn du dich über eine Freundin ärgerst, probiere mal eine Atemübung aus, um dich selbst zu beruhigen, bevor du mit dieser Freundin redest:
Atme tief durch die Nase ein und zähl dabei bis 4.
Halte die Luft an, zähle dabei wieder bis 4.
Lass die Luft langsam durch den Mund wieder raus, zähle noch mal bis 4.
Nun kannst du die Übung von vorn beginnen.

7

Freundfeind

Julie

Manche sogenannten Freunde richten sich gegenseitig zugrunde, doch ein wahrer Freund ist treuer als ein Bruder.

Sprüche 18,24

„Marina ist eine Art Freundfeindin“, sagte Lia. Sie und ihre Mutter gingen gerade eine Runde mit dem Hund und Lia erzählte von ihrem Tag. Lia hatte Marina erzählt, dass sie Angst vor der nächsten Klausur hat, daraufhin hatte Marina sich vor ihren Mitschülern über sie lustig gemacht.

Später schlugen Lia und ihre Mutter das Wort *Freundfeindin* nach: „Jemand, der vorgibt, ein Freund zu sein, aber in Wirklichkeit ein Feind ist.“

„Ist das ein Mensch, mit dem du Zeit verbringen möchtest?“, fragte die Mutter und legte einen Arm um Lia. „Ist sie wirklich deine Freundin?“

Lia dachte eine Weile nach. „Wahrscheinlich nicht“, sagte sie. „Ich möchte zwar gern mit Marina befreundet sein, aber Marina will in erster Linie beliebt sein. Ich glaube, sie will gar keine echte Freundschaft.“

Wir alle haben schon einmal unbeabsichtigt die Gefühle einer Freundin verletzt und mussten uns entschuldigen. Aber wir sind keine echte Freundin, wenn wir absichtlich etwas tun, was den anderen verletzt. Wenn du herausfinden möchtest, ob jemand ein „Freundfeind“ ist, geh einfach folgende Fragen durch:

1. Wie spricht sie über andere, die gerade nicht anwesend sind? Macht sie sich über sie lustig? Erzählt sie Persönliches von anderen, um sich beliebt zu fühlen?
2. Wie geht sie mit Meinungsverschiedenheiten um? Macht sie daraus ein Drama und versucht, andere auf ihre Seite zu

ziehen? Macht sie aus Mücken Elefanten, um von anderen Leuten Aufmerksamkeit zu bekommen?

3. Erzählt sie Lügen oder verdreht die Wahrheit, selbst bei kleinen Dingen?

Jesus hat uns beauftragt, freundlich und großzügig zu sein, dennoch sollten wir vorsichtig sein, wem wir unsere tiefsten Gefühle erzählen. Gott empfiehlt uns, echte Freunde klug auszuwählen. Wenn du bei einer Person ein unsicheres Gefühl hast, sei trotzdem freundlich zu ihr, aber schütte ihr nicht dein Herz aus. Und falls du dich jemals selbst wie eine „Freundfeindin" verhalten hast, ist heute ein guter Tag, um damit aufzuhören und stattdessen wie eine wahre Freundin zu handeln.

Zum Nachdenken

- **Wann hast du mal jemandem dein Herz ausgeschüttet, die eher eine Freundfeindin war als Freundin? Was passierte?**

- **In welcher Hinsicht hast du dich manchmal mehr wie eine Freundfeindin benommen als wie eine Freundin?**

CHALLENGE FÜR DICH

Wenn du eine Freundfeindin kennst: Sei höflich und freundlich, aber erzähle ihr nicht dein Innerstes. Wenn du dich selbst wie eine Freundfeindin verhalten hast, schreib eine Entschuldigung.

8

Die Last der anderen mittragen

Kendra

Denkt nicht nur an eure eigenen Angelegenheiten, sondern interessiert euch auch für die anderen und für das, was sie tun.

Philipper 2,4

„Alles okay?", fragte Ava, als sie hörte, dass jemand in einer der Toilettenkabinen weinte. Sophia trat aus der Kabine, und Ava legte eine Hand auf ihre Schulter, um sie zu trösten. „Was ist los?", fragte sie.

„Mein Hund ist diese Woche gestorben", antwortete die Klassenkameradin zitternd.

Ava umarmte Sophia und sagte, sie könne ihre Traurigkeit verstehen, denn auch ihr Familienhund war gestorben. Die Mädchen erzählten einander von ihren Haustieren, wodurch sie sich gegenseitig trösteten und unterstützten. Nach ein paar weiteren Minuten fassten sich die beiden an der Hand, verließen die Toilette und gingen zurück zur Klasse.

Manchmal braucht man nur ein paar Minuten, um den Schmerz eines anderen zu sehen und ihm Mitgefühl zu zeigen. Wir alle können in der Schule, in der Gemeinde oder bei anderen Aktivitäten die Augen offen halten, ob es jemandem gerade schlecht geht. Dann können wir ihm liebevoll zuhören. Die Bibel sagt, wir sollen nicht nur unsere eigenen Interessen im Blick haben, uns nicht nur um uns selbst und unser Leben drehen, sondern uns auch um andere kümmern. Zwar war Ava nicht eng mit Sophia befreundet, trotzdem ignorierte sie Sophias Schmerz nicht. Ava kannte das Gefühl, was Sophia gerade durchmachte, deshalb konnte sie Trost spenden.

Selbst wenn jemand etwas durchmacht, was wir noch nie erlebt haben, können wir uns dennoch in seine Lage hineindenken und Mitgefühl zeigen. Die Welt ist voll von Leuten, die sich abwenden, wenn jemand traurig ist oder leidet. Als Nachfolger von Jesus können wir den Menschen in solchen Momenten seine Liebe zeigen.

Zum Nachdenken

- Merkst du es, wenn es anderen in deinem Umfeld schlecht geht?
- Wie hast du schon mal jemanden getröstet?
- Wer war für dich da, als es dir mal schlecht ging?

CHALLENGE FÜR DICH

Tröste eine Freundin, die es gerade schwer hat. Schenke ihr einen „Powerbibelvers", zum Beispiel Psalm 18,33; Jesaja 30,15; Lukas 22,32; Jeremia 32,17; 2. Korinther 12,9; Psalm 31,5 oder Jesaja 40,29+31.

FREUNDSCHAFT IN AKTION

Gestalte und schreibe eine Karte für eine Freundin, der es gerade schlecht geht. Schicke die Karte entweder per Post oder gib sie ihr, wenn du sie das nächste Mal siehst.

9

Die Versuchung zu prahlen

Kristin

Wenn schon geprahlt werden muss,
will ich mit meiner Schwäche prahlen.
2. Korinther 11,30 (GN)

„Da bist du ja!“, rief Anna und rannte ihrer Freundin Jolanda bis zum Bordstein entgegen. Jolanda war zum ersten Mal zu Besuch und Anna wollte sie unbedingt herumzuführen.

„Eure Garage ist fast so groß wie unsere“, sagte Jolanda, während sie auf das Haus zugingen.

Anna nickte und wusste nicht, was sie sagen sollte. Sie hatte sich noch nie Gedanken über ihre Garage gemacht. Vielleicht würde Jolanda ja ihr Zimmer gefallen.

Doch im Laufe der Besichtigung gingen die Vergleiche immer weiter. Jolandas Haus war größer und neuer. Sie hatte ihr eigenes Handy und alle möglichen trendigen Sachen, die Anna nicht hatte.

„Willst du Musik hören?“, fragte Anna. „Ich kann meine Mama bitten, uns welche anzumachen.“

„Hast du denn keine Musikbox in deinem Zimmer?“, fragte Jolanda.

Anna verstummte. Egal, was sie sagte, Jolanda hatte immer etwas Besseres. Sie war ratlos.

Wenn Menschen unsicher sind, vergleichen sie sich manchmal mit anderen, um selbst besser dazustehen. Jedoch können Vergleiche verletzend sein. Sobald wir über unseren Besitz so reden, dass sich andere ausgegrenzt fühlen, kann das unseren Freundschaften schaden. Schließlich definieren uns nicht die Dinge, die wir besitzen, sondern die Art, wie wir andere behandeln.

Es erfordert viel mehr Mut, über Schwächen zu sprechen als über die Lebensbereiche, die uns stark oder glücklich machen. Die Bibel erinnert uns: Wenn wir mit irgendetwas prahlen wollen, dann mit unseren Schwächen! Denn durch sie können die Menschen die Kraft

Gottes erkennen, die in uns wirkt. Im Rückblick auf Probleme, die wir überwunden haben, wird unser Glaube stark, denn wir sehen, wie Gott uns geholfen hat. Nur wenn wir unsere Schwächen eingestehen, geben wir anderen die Chance, unser wahres Ich zu sehen. Sooft wir bereit sind, die schwierigen Seiten unseres Lebens mit unseren Freunden zu teilen, anstatt mit den leichten Themen zu prahlen, stärkt das unseren Glauben und unsere Freundschaften.

Zum Nachdenken

- **Ruf dir eine Situation ins Gedächtnis, in der eine Freundin geprahlt hat. Wie hast du reagiert?**

- **Was bedeutet es, mit unserer Schwäche zu „prahlen"? Wie könnte das aussehen?**

CHALLENGE FÜR DICH

Schreibe drei deiner Stärken und drei deiner Herausforderungen auf. Sprich mit einer Freundin, der du vertraust, über eine Schwäche oder einen Struggle in deinem Leben.

10

Kraftvoll beten

Julie

Der Herr ist allen nahe, die ihn anrufen, allen, die ihn aufrichtig anrufen.

Psalm 145,18

„Oh Jesus, bitte hilf mir!“, betete Karolina. „Ich glaube, Tanja ist wütend auf mich, aber ich weiß nicht, warum, und ich weiß nicht, was ich dagegen tun soll. Bitte hilf mir. Bitte hilf Tanja. Ich will sie nicht als Freundin verlieren.“

Tanja und Karolina sind schon seit Langem befreundet. Als Tanja anfing, Karolina aus dem Weg zu gehen, erkannte Karolina, dass sie etwas bedrückte. Offensichtlich wollte Tanja aber nicht darüber reden, darum wusste Karolina nicht, was los war und was sie dagegen tun konnte. Sie war traurig und enttäuscht, dass Tanja nicht mit ihr reden wollte, also tat sie das einzig Mögliche: Sie betete.

Eine Woche später schrieb Tanja ihr eine Nachricht: *In meinem Leben gibt es gerade ziemlich schwierige Themen. Ich möchte im Moment nicht darüber reden, aber bitte bete für mich.*

Karolina schrieb ihr zurück: *Du bedeutest mir so viel als Freundin. Ich bete, dass Gott dich beschützt und dir jeden Tag hilft.* Karolina hoffte, dass Tanja dieses Gebet bei sich tragen und es immer wieder lesen würde, wenn sie Ermutigung brauchte.

Als sich die beiden am nächsten Tag sahen, umarmten sie sich lange und fest. Tanja war sich nun sicher, dass Karolina für sie da war und auch dann für sie da sein würde, wenn sie reden wollte.

Freundinsein ist nicht immer einfach. Freundschaft bedeutet weit mehr als lustige Übernachtungspartys und zusammen abhängen. Es geht auch darum zu erkennen, wann es unserer Freundin nicht so gut geht, und sie dann zu unterstützen, selbst wenn wir durch ihr Verhalten verletzt sind. Oftmals haben unsere Freundinnen in solchen Momenten mit Sachen zu kämpfen, die auch wir nicht lösen können.

Aber ist dir klar, dass unsere Gebete mächtig sind? Die Bibel versichert immer wieder, dass Gott unsere Gebete hört, dass er uns nahe ist, wenn wir beten, und er unsere Gebete erhört. Jesus fordert uns auf, für unsere Freunde, für uns selbst und für die Welt um uns herum zu beten. Allzu oft denken wir erst als Allerletztes daran, aber das Gebet ist wirklich unser mächtigstes Mittel, wenn unsere Freunde schwere Zeiten durchmachen.

Zum Nachdenken

- **Denk an eine Zeit zurück, in der es dir richtig schlecht ging. Was hätte dir damals geholfen? Welche Reaktion deiner Freunde hättest du dir gewünscht? Wofür hätten deine Freunde beten sollen?**

- **Welche deiner Freunde brauchen momentan dein Gebet?**

CHALLENGE FÜR DICH

Gestalte eine hübsche Karte mit einem „Gebetsgutschein" für eine Freundin und stecke es heimlich in ihre Schultasche oder ihre Mappe. Mach doch daraus eine neue Gewohnheit und überrasche sie regelmäßig!

FREUNDSCHAFT IN AKTION

Such dein Bastelmaterial und Malzeug zusammen und gestalte eine schöne Karte für eine Freundin. Schreib noch einen kleinen Text dazu. Oder: Verschenke Powerpillen im Glas. Einfach bunte Smarties in ein leeres Einmachglas füllen, Deckel und Glas hübsch verzieren, mit einem persönlichem Etikett versehen – fertig!

11

Wer beeinflusst dich?

Kendra

Täuscht euch nicht! Die Aussage stimmt: „Gute Gewohnheiten werden durch schlechten Umgang verdorben.“

1. Korinther 15,33 (DB)

„Mama, du musst mich abholen.“ Svenja musste all ihren Mut zusammennehmen, um dieses Telefonat zu führen. Sie war ertappt worden und fühlte sich schrecklich. Während sie im Sicherheitsbüro des Einkaufszentrums saß und auf ihre Mutter wartete, dachte sie nach, wie es so weit hatte kommen können.

Einige Monate zuvor hatte Svenja sich enger mit einem Mädchen angefreundet, das gerne in Läden klaute. Zuerst fand Svenja das Verhalten ihrer Freundin richtig schlimm, aber mit der Zeit sah sie, was ihre Freundin alles erbeutete und dass sie nie erwischt wurde. Es wirkte immer verlockender. Eines Tages waren sie wieder zusammen unterwegs. Da nahm Svenja ein kleines Paar Ohrringe und ließ es in ihrer Tasche verschwinden. Als sie den Laden verließ, war sie begeistert, dass sie nun neue Ohrringe besaß, ohne zu bezahlen.

Mit der Zeit wurde es immer einfacher, immer mehr Dinge zu klauen, bis Svenja erwischt wurde. Sie hatte mehrere Shirts und einen Pulli in ihrer Tasche. So viel hatte sie noch nie versucht, mitgehen zu lassen.

Im Laufe der nächsten Monate zahlte Svenja dem Laden alles zurück, was sie gestohlen hatte, und schwor sich, nie wieder zu klauen.

Wahrscheinlich hast du noch nie in einem Laden geklaut. Dennoch sind wir alle anfällig für Dinge, die wir eigentlich nicht tun würden, wenn wir zu viel Zeit mit Leuten verbringen, die keinen guten Lebensstil haben.

Im Hinblick auf unseren Freundeskreis müssen wir uns folgende Frage stellen: *Wer beeinflusst wen?* Habe ich einen guten Einfluss auf meine Freunde? Ermutige ich sie oder ziehe sie auf andere Weise positiv mit? Oder lasse ich mich von der Masse mitziehen, obwohl ich weiß, dass es eigentlich falsch ist? Natürlich ist kein Mensch perfekt, du nicht und deine Freunde nicht. Manchmal passiert uns einfach ein Fehler oder wir tun das Falsche. Aber es ist unglaublich wichtig im Leben, klug zu entscheiden, wen wir innerlich so nah an uns heranlassen, dass diese Person unsere Gedanken, Worte und Handlungen beeinflussen darf.

Zum Nachdenken

- **Wer sind deine engsten Freunde? Welchen Einfluss haben sie auf dich?**
- **Bestärken sie dich in positiven oder in negativen Sachen?**

CHALLENGE FÜR DICH

Such nach Möglichkeiten, wie du deine Freunde, die du häufig siehst, positiv beeinflussen kannst, zum Beispiel mit Worten oder kleinen Gesten.

12

Trotzdem freundlich sein?!

Kristin

Liebt eure Feinde! Erweist ihnen Gutes! Leiht ihnen Geld! Und macht euch keine Sorgen, weil sie es euch vielleicht nicht wiedergeben werden. Dann wird euer Lohn im Himmel groß sein und ihr handelt wirklich wie Kinder des Allerhöchsten, denn er erweist auch den Undankbaren und den Bösen Gutes.

Lukas 6,35

„Marie, es ist Zeit, ins Bett zu gehen", sagte ihre Mutter und blieb an der Tür stehen.

Marie saß an dem kleinen Tisch und blickte nicht einmal auf. „Ich weiß, Mama. Bin fast fertig."

Es war der Abend vor dem letzten Schultag und Marie bastelte gerade Karten für ihre Klassenkameraden. Schließlich war sie zufrieden mit dem Ergebnis, klebte den letzten Umschlag zu und verstaute die Karten vorsichtig in ihrem Schulranzen. Sie freute sich sehr darauf, die Karten zu verteilen.

Aber die Sache verlief nicht so, wie Marie es erwartet hatte. Als sie am nächsten Tag nach der Schule ihren Ranzen fallen ließ, rief ihre Mutter sie zu sich, um zu hören, wie der Schultag gelaufen war.

„Ganz okay", antwortete Marie und biss sich auf die Lippe.

Ihre Mutter wartete.

„Manche aus der Klasse haben meine Karten zerrissen, andere haben daraus Papierflieger gebastelt und sie quer durch den Raum geworfen", gestand Marie schließlich.

„Oh, das ist aber traurig", sagte ihre Mutter und nahm sie in den Arm. „Was haben deine Freunde gemacht?"

„Sie haben sie behalten." Marie lächelte. „Wahrscheinlich ist das das Wichtigste."

Ja, es tut weh, wenn wir versuchen, jemandem etwas Gutes zu tun, derjenige das aber ablehnt. Tatsache ist: Wir können unsere eigenen

Taten steuern, aber nicht die Reaktion der anderen. Nicht jeder wird es akzeptieren, wenn wir Freundschaft anbieten. Und trotz Freundlichkeit wird nicht jeder im Gegenzug ein Freund sein.

Jesus war zu allen Menschen freundlich, egal, ob sie ihn nett behandelten oder nicht. Wenn wir uns entscheiden, freundlich zu sein, spiegeln wir die Liebe von Jesus wider.

Zum Nachdenken

- **Ist es auch dir schon passiert, dass jemand unfreundlich reagiert hat, als du Freundschaft anbieten wolltest? Wie hast du reagiert?**

- **Mit dem Blick darauf, wie Jesus gehandelt hat: Wie könntest du das nächste Mal reagieren?**

CHALLENGE FÜR DICH

Schenke einer Freundin etwas Selbstgemachtes, Selbstgebackenes oder Selbstgebasteltes.

FREUNDSCHAFT IN AKTION

Denk dir eine nette Überraschung für eine Freundin aus. Hier ein paar Ideen:
Leihe ihr dein Lieblingsbuch, -film oder -spiel.

- **Bring ihr etwas Leckeres mit.**
- **Drucke ein Foto von euch beiden zusammen aus.**
- **Mach ihr ein Kompliment über etwas, das du an ihr magst oder was dir an eurer Freundschaft wichtig ist.**
- **Knüpfe ein Freundschaftsarmband für sie.**

13

Ein Freund namens Jonathan

Julie

Zwei haben es besser als einer allein,
denn zusammen können sie mehr erreichen.
Prediger 4,9 (Hfa)

„Ei, ei, ei, was seh' ich da? Ein verliebtes Ehepaar!", sang Lukas, als er am Mensatisch vorbeiging, an dem Jonathan und Kristina zusammensaßen.

„Ignorier ihn, Jonathan", raunte Kristina, während sie in ihre Pizza biss.

Jonathan ließ den Kopf auf sein Tablett fallen. „Es ist schwer, ihn zu ignorieren. Schon die ganze Woche lang singt er diesen nervigen Spruch. Und jetzt fangen andere Schüler auch schon damit an."

„Sollen wir beim Mittagessen lieber nicht mehr zusammensitzen? Vielleicht können wir heimliche Freunde sein, aber in der Schule schauen wir uns nicht mehr an."

Einen Moment lang dachte Kristina, dass er Ja sagen würde. Aber dann schüttelte ihr Freund den Kopf. „Auf gar keinen Fall! Jungs und Mädchen können doch ganz normal befreundet sein, ohne dass jeder sie gleich verkuppeln muss. Wenn Lukas so weitermacht, rede ich mit Frau Jakobs."

Kristina seufzte erleichtert auf. Jonathan war ein kluger und netter Freund und hatte einen anderen Blick auf das Leben. Und sie glaubte, dass auch ihre Sichtweise für ihn hilfreich war, wenn er sie mal um Rat fragte. „Guter Plan. Jetzt erzähl weiter von deinem Filmmarathon, den du für nächstes Wochenende planst. Ich will dabei sein!"

Jonathan ist als Junge freundschaftlich mit einem Mädchen verbunden ohne Verliebtheit. Was uns durch Filme, Bücher und soziale Medien vermittelt wird, ist oftmals, dass es nicht möglich ist, einfach so mit Jungs befreundet zu sein. Und wenn wir es doch sind, ärgern uns die Mitschüler gnadenlos mit dem „Ehepaar-Spruch" oder fragen ständig, ob wir denn ein Pärchen sind. Viele Leute denken, dass Jungs und Mädchen nicht befreundet sein können, ohne dass Verliebtheit im Spiel ist. Aber diese Sichtweise hält dich vielleicht davon ab, tolle Freunde zu finden.

Richtige Freunde machen unser Leben besser und unterstützen uns. Eine Freundschaft mit jemandem, der in irgendeiner Weise anders ist als wir (wie beispielsweise ein Junge), kann uns bereichern, denn wir können von den Ideen und Erfahrungen dieses Freundes lernen und Neues entdecken.

Zum Nachdenken

- **Hast du schon mal andere gehänselt, die einen kameradschaftlichen Freund des anderen Geschlechts haben? Oder wo hast du geschwiegen, als andere deswegen gehänselt wurden?**

- **Inwiefern bereichern deine Freundschaften mit Jungs dein Leben in der Schule, in der Nachbarschaft oder in der Gemeinde?**

CHALLENGE FÜR DICH

Das nächste Mal, wenn du siehst, wie jemand aus diesem Grund geärgert wird: Versuche, dazwischenzugehen und die Aufmerksamkeit auf ein anderes Thema zu lenken.

14

Freundschaft mit mir selbst

Kendra

Seht, was für eine Liebe unser himmlischer Vater uns geschenkt hat, nämlich, dass wir seine Kinder genannt werden, und das sind wir auch!

1. Johannes 3,1

„Ich bin so unfähig", stöhnte Carlotta und wischte dich das Eis ab, das auf ihr Shirt getropft war.

Oma Dana legte einen Arm um Carlottas Schultern. „Als ich jung war, war ich manchmal sehr gemein zu mir", sagte sie nachdenklich. „Ich habe mich oft selbst kritisiert: Warum hast du das gesagt; warum siehst du nicht soundso aus?"

Carlotta schleckte noch einmal an ihrem Eis. „Ich glaube, das tue ich auch", flüsterte sie.

Ihre Großmutter nickte. „Als ich älter wurde, merkte ich, dass mir so etwas nicht hilft, mich in meiner Haut wohlzufühlen, und auch nicht, die Ziele zu erreichen, die ich mir wünsche."

„Und was hast du dann gemacht?", fragte Carlotta.

„Ich fing an, in der Bibel zu lesen", antwortete Oma Dana lächelnd. „Mir wurde bewusst, dass Gott etwas anderes über mich sagt, als ich mir einredete. Meine Worte waren nicht die Wahrheit aus seinem Wort, es waren Lügen. Außerdem hätte ich solche Sachen nie zu einer guten Freundin gesagt. Niemals hätte ich jemanden mit so negativen Aussagen verletzt, aber zu mir selbst sagte ich so etwas."

Carlotta nickte. „Kannst du mir die Bibelstellen zeigen, die du gelesen hast?"

„Natürlich!", antwortete ihre Großmutter. „Ich schreibe dir eine Liste, wenn wir zu Hause sind."

Gott hält nicht geheim, was er über uns denkt. Die Bibel sagt, dass wir geliebt und auserwählt sind, dass uns vergeben ist und Gott sich uns bewusst ausgedacht hat. Gottes geliebte Kinder dürfen wir sein!

Wenn wir anfangen, auf seine Stimme zu hören (statt auf unsere eigene) und zu entdecken, was er über uns zu sagen hat, können sich unsere Gedanken über uns selbst ändern.

Und dann können wir eine wirklich gute Freundin sein und freundliche Worte sprechen, sowohl über uns selbst als auch über andere.

Zum Nachdenken

- **Hast du dich auch schon mal niedergemacht? Welche Sachen hast du zu dir gesagt? Was hätte eine Freundin in der Situation zu dir vermutlich gesagt? Hättest du so auch eine Freundin behandelt?**

- **Ist dir bewusst, was Gott über dich denkt? Mach dir eine Liste mit den Wahrheiten, die Gott über dich sagt.**

CHALLENGE FÜR DICH

Sobald du anfängst, dich niederzumachen, ersetze diesen Gedanken mit einer wahren Aussage aus Gottes Wort. Zum Beispiel aus Psalm 139; Zefania 3,17; Philipper 4,13; Hebräer 13,6 oder 2. Timotheus 1,7.

FREUNDSCHAFT IN AKTION

Schlage diese fünf Aussagen nach, die Gott über dich als Person sagt:

- Du bist geliebt. (Johannes 3,16; Jeremia 31,3; 1. Johannes 3,1)
- Gott freut sich über dich. (Zefanja 3,17)
- Du bist kostbar. (Lukas 12,6-7)
- Dein Leben hat einen Sinn und ein Ziel. (Jeremia 29,11; Römer 8,28; Epheser 2,10)
- Du bist einzigartig. (Psalm 139,14)

Such dir den Vers aus, den du heute am meisten brauchst, und häng ihn dir gut sichtbar auf.

15

Angst und Sorgen teilen

Kristin

Helft euch gegenseitig bei euren Schwierigkeiten und Problemen, so erfüllt ihr das Gesetz, das wir von Christus haben.

Galater 6,2

„Los, als Nächstes fahren wir Geisterbahn!“

Elise beeilte sich, mit ihren Freundinnen Schritt zu halten. Sie waren bereits die krasse Achterbahn gefahren und unzählige Male mit dem Karussell, in dem man in alle Richtungen durchgeschüttelt und gedreht wird. Als die Freundinnen nun die Geisterbahn vorschlugen, war Elise zuversichtlich, dass es ihr Spaß machen würde.

Beim Warten wippte Elise auf den Zehen. Je weiter sie an den Anfang der Schlange vorrückten, desto unheimlicher sah die Bahn aus. Innen war es dunkel und es gab gruselige Gespenster mit riesigen weißen Gesichtern. Elise versuchte, über ihrer Angst zu stehen, aber schon beim Anschnallen fühlte sie sich schrecklich. Ihre beiden Freundinnen fuhren nebeneinander, somit war Elise allein in ihrer Reihe. Als die Fahrt begann, wünschte sich Elise weit weg von diesem Ort. Schreckliche Bilder zogen an ihr vorbei. Sie hielt sich die Augen zu und begann zu weinen.

„Elise, was ist los?“, fragte ihre Freundin, als sie beim Aussteigen Elises feuchte, geschwollene Augen sah.

„Ich hatte solche Angst“, gestand Elise. Kurze Pause, dann nahm sie ihren Mut zusammen. „Habt ihr auch vor irgendwas Angst?“

„Na ja, ich habe Höhenangst“, sagte eine und deutete mit den Augenbrauen in Richtung der Achterbahnen.

„Ich habe Angst vor Schlangen“, sagte die andere und schauderte ein bisschen.

Es verlangt Mut zuzugeben, dass man Angst hat, traurig ist oder sich über etwas im Leben Sorgen macht. Solche Gefühle zu ignorieren, erscheint uns leichter, vor allem, wenn wir nicht wissen, wie die anderen reagieren werden. Doch wenn wir einer Freundin erzählen, wie es uns wirklich geht, so wie Elise, passiert es oft, dass sie ebenfalls offen von ihren eigenen Sorgen und Nöten erzählt. Indem wir offen solche Gefühle oder belastende Situationen teilen, wird allen bewusst, dass so etwas normal ist und dass wir nie allein sind, wir haben ja Freunde an unserer Seite!

Zum Nachdenken

- **Welche Sachen machen dir Sorgen oder Angst?**
- **Hast du darüber schon mal mit einer Freundin geredet? Wie hat sie reagiert?**

CHALLENGE FÜR DICH

Schreibe eine Liste mit Sachen oder Situationen, die dir Angst machen. Finde heraus, wovor deine Freundinnen Angst haben, und sucht zusammen nach Gemeinsamkeiten.

16

Glaub nicht den Lügen!

Julie

Sobald sie den Mund aufmachen, fluchen, lügen und erpressen sie. Wie viel Unheil und Verderben richten sie an!

Psalm 10,7 (Hfa)

„Schatz, ich bin verwirrt. Warum ist Mathe auf einmal die schlechteste Note in deinem Zeugnis?", fragte Laylas Vater, als sie zum Volleyballtraining fuhren.

Layla brach in Tränen aus und gestand, dass sie in Mathe ihre Online-Aufgaben lange nicht gemacht hatte. Seitdem Mitschüler gesagt hatten: *Was strengst du dich an? Du bist und bleibst ein Loser in Mathe!*

Der Vater streckte seine Hand zu ihr nach hinten aus: „Lass dir NICHT deine Zukunft klauen. Sie lügen!"

Layla wischte sich die Tränen ab. Ihr Vater fuhr fort: „Es gibt eine Geschichte, die dazu passt: In einem kleinen Eimer befindet sich eine Krabbe. Sie kann leicht hinaufklettern und entkommen. Aber wenn mehrere Krabben in einem Eimer sind, konzentrieren sie sich nur darauf, sich gegenseitig herunterzuziehen, sobald eine versucht herauszuklettern. Am Ende landen alle auf dem Teller!"

Manche Menschen sind wie die Krabben im Eimer. Sie reiten auf den Schwachstellen der anderen herum und ziehen alle in ihrem Umfeld herunter. Grund dafür ist meist ihre eigene Unsicherheit und Verletztheit. Sie fühlen sich gut, wenn sie andere schlecht machen können, zumindest kurzzeitig. Aber wenn wir zulassen, dass solche Leute unser Handeln beeinflussen, geben wir ihnen viel Macht über unsere Zukunft!

Wir können uns frei dazu entscheiden, dass wir freundliche, mitfühlende Menschen sein wollen, die nicht zulassen, dass die Worte anderer ihre zukünftigen Entscheidungen kaputt machen. Als Mädchen, die Jesus lieben und die ihm nachfolgen, müssen wir die Lügen einer verletzenden, unsicheren Welt erkennen und zurückweisen.

Zum Nachdenken

- Wann hast du schon mal aufgehört, dich anzustrengen, nur weil jemand einen blöden Spruch gemacht hat? Nenne drei Gefühle, die du dabei empfunden hast.

- Wann hast du schon mal jemanden geärgert, weil er oder sie etwas nicht so gut konnte wie du? Wie hast du dich danach gefühlt?

CHALLENGE FÜR DICH

Bitte Gott um Hilfe, dass du den Unterschied erkennen kannst zwischen klugen Ratschlägen aus dem Mund liebevoller Menschen und giftigen Lügen, die dich von Gottes Plänen für dein Leben abhalten.

FREUNDSCHAFT IN AKTION

Lade deine Freundinnen ein und malt mit Wasser- oder Acrylfarben einen schönen Hintergrund auf ein Blatt Papier oder eine Leinwand. Sobald das Bild getrocknet ist, schreibt mit wasserfesten Stiften Sätze darauf, die Gott als Wahrheit über euch ausspricht. Welche das sind, könnt ihr in der Bibel nachlesen: Johannes 1,12; Johannes 15,15; Epheser 1,7; Philipper 4,19 usw. Bestimmt findet ihr noch viele weitere Stellen! Hängt eure Bilder so auf, dass ihr sie jeden Tag sehen könnt.

17

Was sie nicht sagt

Kendra

Versucht, mit allen Menschen in Frieden zu leben, und bemüht euch, ein heiliges Leben nach dem Willen Gottes zu führen, denn wer nicht heilig ist, wird den Herrn nicht sehen.

Hebräer 12,14

„Wo ist Maya?“, fragte Nataschas Mutter, als ihre Tochter nach Hause kam. „Sie hat gesagt, dass sie nicht mehr zu mir nach Hause kommen will“, antwortete Natascha.

„Und wieso?“ Natascha blickte zu Boden anstatt in die Augen ihrer Mutter. „Ich glaub, ich hab sie damit aufgezogen, dass sie einen Jungen aus unserer Klasse mag.“ Dann fügte sie schnell hinzu: „Aber das war nichts Schlimmes, Mama. Ich weiß nicht, warum sie sich so darüber aufgeregt hat.“

„Für sie war es anscheinend schon schlimm, wenn sie deshalb nicht mehr mit dir nach Hause gehen will. Auch wenn es sich für dich nicht so anfühlt, sobald eine Sache deine Freundin sehr ärgert, musst du damit aufhören. Wir müssen die Gefühle der anderen ernst nehmen, auch wenn sie das nicht mit Worten ausdrücken.“

Während ihre Mutter sprach, wurde Natascha klar, dass ihre Freundin Maya Anzeichen für ihren Ärger gezeigt hatte, lange bevor sie etwas gesagt hatte. Sie schämte sich, weil sie es nicht gemerkt hatte.

„Ist schon gut“, sagte ihre Mutter. „Das gehört zum Lernen und Erwachsenwerden dazu. Jetzt, wo du es weißt, gehst du zu ihr hin, entschuldigst dich und bringst die Sache in Ordnung.“

Wir alle können blind sein für die Körpersprache von Freundinnen. Jedoch ist es sehr wichtig wahrzunehmen, wie andere auf unsere Worte reagieren. Wir sollen aufmerksam ihre Gefühle erkennen, auch wenn sie es nicht in Worten aussprechen. Wichtige Fragestellungen sind: *Wirken sie verärgert? Lachen sie noch mit oder sind sie still geworden?* Das Verhalten einer Person ist oft genauso wichtig wie ihre ausgesprochenen Worte. Wenn wir eine gute Freundin für andere sein wollen, müssen wir sowohl die Körpersprache lesen als auch den Worten zuhören.

Da wir Jesus lieben, sollen wir im Frieden mit anderen leben. All das gehört zu einem „heiligen“ Leben dazu: Reaktionen auf unsere Worte wahrzunehmen und, wenn nötig, um Verzeihung zu bitten für eine Verletzung, die wir zugefügt haben.

Zum Nachdenken

- **Hast du schon mal darüber nachgedacht, wie Menschen reagieren, ohne dabei ein Wort zu sagen?**

- **Welche Dinge vermitteln Menschen mit ihrer Körpersprache? Woran könntest du erkennen, dass du jemanden verletzt hast, auch wenn er oder sie es nicht mit Worten sagt?**

CHALLENGE FÜR DICH

Nimm bewusst wahr, mit welchen Anzeichen deine Freunde auf deine Worte reagieren. Formuliere deine Worte so, dass deine Freunde sich von dir gemocht fühlen.

18

Ich wünschte, ich wäre beliebt

Kristin

Überlasst all eure Sorgen Gott,
denn er sorgt sich um alles, was euch betrifft!

1. Petrus 5,7

Beim Sortieren der Blätter, die Anni von der Schule mitgebracht hatte, fiel ihrer Stiefmutter eines auf mit der Überschrift: *Meine Wünsche*. Auf das Blatt hatte Annie sich selbst mit ihren größten Wünschen gezeichnet. Der zweite Wunsch hieß: „Beliebt sein".

„Warum willst du beliebt sein?", fragte ihre Stiefmutter.

Anni zögerte. „Weil ich mich in der Schule einsam fühle", gestand sie.

Ihre beste Freundin war im Jahr zuvor weggezogen. Zwar war niemand in der Schule gemein zu ihr, aber alle hatten einfach schon Freunde, deshalb stand Anni oft allein da.

Ihre Stiefmutter nickte. „Manchmal fühle ich mich auch einsam, nämlich, wenn ich mich vor allem auf die Leute konzentriere, mit denen ich nicht befreundet bin. Doch dann denke ich an die Menschen, die ich im Leben bereits habe. Fällt dir jemand für dich ein?"

„Letzte Woche war es in Sport mit Lara sehr witzig", fiel Anni ein. „Und Grace hat mir gestern ein selbst gebasteltes Armband geschenkt." Je mehr sie darüber nachdachte, desto klarer wurde ihr, dass sie doch Freunde hatte. Aber sie hatte sich so aufs Beliebtsein konzentriert, dass sie die Freunde vergessen hatte.

Jeder fühlt sich manchmal einsam. Es ist wichtig zu merken, wann jemand sich ausgegrenzt fühlt, und ihn dann mit hineinzunehmen. Aber was ist, wenn wir selbst die ausgegrenzte Person sind? Annies Wunsch nach Beliebtheit ist ganz normal. Möchte nicht jeder geliebt werden? Bewundert werden? Mittendrin sein?

Es ist wichtig, die Freundschaften zu erkennen, die schon da sind und auf uns warten. Wenn wir uns doch mal einsam fühlen, dürfen wir Gott ganz gezielt darum bitten, uns Freunde zu schenken. Gott kümmert sich um die großen und kleinen Sachen in unserem Leben, da gehören auch Freundschaften dazu. Wir dürfen ihm unsere Ängste und Sorgen anvertrauen in der Gewissheit, dass er für uns sorgt.

Zum Nachdenken

- **Was bedeutet für dich „beliebt sein"? Hast du dich schon mal einsam gefühlt und dir Freunde gewünscht?**

- **Inwiefern beeinflusst das Wissen, dass du deine Sorgen und Nöte zu Gott bringen kannst, wie du mit Einsamkeit und Freundschaften umgehst?**

CHALLENGE FÜR DICH

Nimm etwas besonders Leckeres mit zur Schule. Lade in der Pause jemanden, neben dem du sonst nicht sitzt, an deinen Tisch ein. Teile dann deine Leckerei mit dieser Person.

FREUNDSCHAFT IN AKTION

Hier ist ein einfaches Rezept für ein süßes Apfelbrot mit knuspriger Kruste, das du zu Hause backen und dann mit Freunden teilen kannst. Vergiss nicht, einen Erwachsenen zu fragen, bevor du den Ofen benutzt, oder bitte den Erwachsenen, dir zu helfen.

ANNIES APFELBROT

Zutaten:

- 2 Eier
- ½ Tasse Butter
- 2 Tassen Mehl
- 2 Tassen Zucker
- 2 Teelöffel Vanillezucker
- 1½ Teelöffel Salz
- 1 Teelöffel Backpulver
- ½ Teelöffel Zimt (oder mehr, nach Geschmack)
- 2 Tassen Äpfel (geschält und gewürfelt)

Zubereitung:

- **Heize den Ofen auf 180° C vor.**
- **Fette eine Kuchen-Kastenform gut ein** (oder vier kleine Formen).
- **Verrühre die feuchten Zutaten** (Eier und flüssige Butter) in einer großen Schüssel miteinander.
- **Mische in einer separaten Schüssel die trockenen Zutaten** (Mehl, Zucker, Vanillezucker, Salz, Backpulver und Zimt).
- **Füge die trockenen Zutaten nun zu den feuchten hinzu, ebenfalls die gewürfelten Äpfel.**
- **Verrühre alles gründlich.**
- **Backe das Brot 45-60 Minuten** lang. Mit einem Zahnstocher kannst du testen, ob das Brot durchgebacken ist (wenn er sauber herauskommt, ist das Brot fertig).
- Lass das **Brot 10 Minuten lang in der Form abkühlen**. Löse dann die Ränder vorsichtig mit einem Messer ab, nimm das Brot aus der Form und lass es auf einem Gitter auskühlen.

19

Tanz zu zweit

Julie

Sieh doch, wie gut und wie kostbar es ist,
wenn Geschwister in Einheit zusammenwohnen!

Psalm 133,1 (DB)

„Jonna, wollen wir uns zusammen zu einem Duett anmelden?“, fragte Kira eine ihrer besten Freundinnen. Die beiden trugen ihre Namen in die Bewerberliste für das Fortgeschrittenen-Tanzteam ein.

„Oh, das klingt cool! Ja, lass uns das Duett versuchen. Das wird eine spannende Tanzsaison!“, antwortete Jonna.

Kira und Jonna hatten sich vor einigen Jahren in der Tanzschule kennengelernt und waren enge Freundinnen geworden. Als Kira die Chance entdeckte, gemeinsam ein Duett zu tanzen, freute sie sich riesig!

Doch eine Woche später war die Enttäuschung groß, als sie erfuhr, dass sie es in das Fortgeschrittenen-Team geschafft hatte, Jonna aber nicht. Keine von beiden hatte daran gedacht, dass sie in unterschiedlichen Tanzteams landen könnten. Kira wusste nicht, was sie zu Jonna sagen sollte. Zwar war sie stolz auf sich, weil sie es in das schwerere Team geschafft hatte, doch sie fürchtete, dass Jonna enttäuscht und traurig war und gar nicht mehr beim Duett mittanzen wollte.

Die Kunst für Kira war nun, den Mittelweg zu finden zwischen Ermutigung für Jonna und der Verwirklichung ihres eigenen Traumes. Aus Jonnas Sicht bestand die Kunst darin, sich für Kira mitzufreuen, aber gleichzeitig Vertrauen in ihre eigenen Fähigkeiten zu haben. Beide Mädchen mussten die Freundschaft über diese komplizierten Gefühle stellen. Dabei lernten sie, sich gegenseitig zu unterstützen, anstatt ihre Freundschaft von Konkurrenzdenken und Unsicherheit kaputt machen zu lassen.

Eine der schwierigsten Herausforderungen in einer Freundschaft ist es, wenn unsere Talente in Konkurrenz stehen. Vielleicht sind wir in einem Schulfach deutlich besser, werden in die Basketballmannschaft aufgenommen oder für eine Hauptrolle im Theaterstück vorgeschlagen. Vielleicht wird aber auch unsere Freundin ausgewählt und wir nicht.

Es ist in Ordnung, im Stillen enttäuscht zu sein, wenn wir uns trotzdem für den anderen mitfreuen können. Wir dürfen nicht zulassen, dass Enttäuschungen unsere Freundschaften zerstören. Gott möchte nicht, dass unsere Freundschaft kaputtgeht, wenn wir die Talente und Begabungen, die er uns geschenkt hat, entdecken!

Zum Nachdenken

- **Welche Begabung hat deine Freundin, die auch gern hättest?**
- **Schreib eine Liste mit deinen Talenten und Begabungen.**

CHALLENGE FÜR DICH

Schreib deiner Freundin ein Kärtchen, auf dem du drei Dinge aufzählst, die sie richtig gut kann.

20

Großzügige Freundschaft

Kendra

Manche wollen immer nur nehmen und haben;
wer das Rechte tut, kann geben und großzügig sein.

Sprüche 21,26 (GN)

„Meine Süße!“ Lunas Mutter steckte ihren Kopf durch die Tür von Lunas Zimmer. „Ich habe gerade mit Frau Koll telefoniert. Sie sagte, du hättest Anna-Maria deine Puppe geschenkt.“

„Sie hatte keine Puppe, Mama. Darum wollte ich ihr eine von meinen schenken. Ich habe ja noch welche“, erklärte Luna.

Die Mutter setzte sich neben Luna und legte einen Arm um ihre Schultern. „Es wundert mich ein bisschen, weil du diese Puppe so gemocht hast. Aber ich verstehe deinen Wunsch, großzügig zu einer Freundin zu sein, die keine hat.“

Luna erwiderte die Umarmung. „So viele Leute haben mir schöne Sachen gegeben, Mama. Jenna hat mir das Spiel geschenkt, das ich so liebe, und Tante Diana ein neues Tanztrikot. Frau Taler hat mir gestern Bananenbrot mitgebracht. Ich wollte einfach Liebe weitergeben, wie ich es von Papa und dir gelernt habe.“

Tatsächlich haben Lunas Eltern vermittelt, wie wichtig es ist, auch auf die Bedürfnisse anderer zu achten und wachsam zu sein, wie man sie erfüllen könnte. Sie selbst hat Großzügigkeit in Freundschaften erlebt und möchte dies unbedingt an andere weitergeben. Echtes Teilen ist ein wertvoller Charakterzug in der Freundschaft. In der Bibel heißt es, dass manche immer nur nehmen und haben wollen, doch die Gläubigen wirklich gerne geben und schenken. Wahrscheinlich kennt jeder von uns Leute, die geizig oder habgierig sind, aber von uns als Christen erwartet Gott das Gegenteil.

Es gibt zahlreiche Möglichkeiten zu teilen. Wir können großzügig sein mit unserer Zeit, unserer Ermutigung, unseren Gebeten, unserem Zuhören oder sogar mit Gegenständen, wie z. B. Luna mit ihrer

Puppe. Egal, auf welche Weise wir teilen: Sobald wir etwas geben, wird die Liebe Gottes in uns sichtbar. Diese Fähigkeit können wir völlig unabhängig vom Alter erlernen.

Zum Nachdenken

- **Wer in deinem Freundeskreis ist bereits großzügig zu dir gewesen? Auf welche Weise hat diese Person dir etwas geschenkt?**

- **Wem gegenüber bist du schon großzügig gewesen? Auf welche Weise hast du dieser Person etwas geschenkt?**

CHALLENGE FÜR DICH

Suche eine Möglichkeit, zu jemandem (egal, ob zu einer Freundin oder einem Mitschüler oder Nachbarn) großzügig zu sein – mit deiner Zeit, deinen Worten oder deinem Besitz.

FREUNDSCHAFT IN AKTION

Stelle eine Portion von diesem Lippenbalsam gemeinsam mit einem Erwachsenen her. Von der Menge her ist es genug, um mit einer Freundin zu teilen.

SELBST GEMACHTER LIPPENBALSAM

Zutaten:

- 1 Esslöffel Sheabutter (es geht auch Kakaobutter)
- 2 Esslöffel Kokosöl
- 1 Esslöffel Mandelöl
- 1½ Esslöffel Bienenwachs (am einfachsten körnig)
- Ätherische Öle nach Wahl (Zitrone, Pfefferminz etc.)

Die Zutaten bekommst du online, im Drogeriemarkt oder im Reformhaus.

Hilfsmittel:

- Kleiner Kochtopf mit Wasserbadtopf oder eine mikrowellengeeignete Schüssel
- Schneebesen
- Pipetten
- Lippenbalsamröhrchen (so etwas ist online erhältlich, aber du kannst auch kleine Gläschen verwenden)

So geht's:

- Lass Sheabutter, Kokosöl, Mandelöl und Bienenwachs auf dem Herd oder in der Mikrowelle schmelzen:
- **Auf dem Herd:** Gib etwa 4 cm Wasser in den Topf. Erwärme es bei mittlerer Hitze. Lass die Zutaten in einem zweiten, kleineren Topf im Wasserbad schmelzen. Verrühre alles mit dem Schneebesen.
- **In der Mikrowelle:** Erhitze die Zutaten in einer mikrowellengeeigneten Schüssel in kurzen, 15-sekündigen Schritten, bis sie vollständig geschmolzen sind. Verrühre alles mit dem Schneebesen.

- Gib 12 –15 Tropfen ätherische Öle deiner Wahl in die Mischung und verrühre alles mit dem Schneebesen. (Wenn es stärker duften soll, verwende mehr Tropfen.)

- Verteile nun die Flüssigkeit mithilfe einer Pipette auf deine verschiedenen Behälter, bis sie voll sind.

- Während des Umfüllens solltest du die Mischung immer wieder umrühren, da sie schnell abkühlt und aushärtet.

- Lass den Lippenbalsam (ohne Deckel) 12 Stunden lang aushärten. Beschrifte die Behälter, wenn du möchtest.

21

Du bist gut genug

Kristin

Unsere Liebe kennt keine Angst, weil die vollkommene Liebe alle Angst vertreibt. Wer noch Angst hat, rechnet mit Strafe, und das zeigt, dass seine Liebe in uns noch nicht vollkommen ist.

1. Johannes 4,18

„Warum sagst du das immer?", fragte Milena und zeigte auf die Worte, die Leni gerade in ein Buch gekritzelt hatte.

Verwirrt las Leni noch einmal die Worte, die sie eilig vor der ersten Stunde aufgeschrieben hatte. Eigentlich war es eine typische Notiz zum Schuljahresende: „Ich werde dich vermissen." Doch dahinter stand noch: „Danke, dass du mich erträgst!"

Mit fragendem Blick schaute Leni zurück zu Milena und wusste noch immer nicht, was das Problem war.

„Ich sitze nicht neben dir, weil ich *muss*", sagte Milena leise, „sondern weil ich neben dir sitzen *will*!"

Leni staunte. Sie hatte die Bemerkung als Scherz gemeint, aber vielleicht war an ihren eigenen Worten etwas Wahres dran. Denn obwohl die beiden Mädchen schon seit ein paar Jahren im Chor nebeneinandersaßen und Leni es eigentlich als Freundschaft betrachtete, waren sie doch keine besonders engen Freundinnen. *Glaubte Leni wirklich, dass Milena und ihre anderen Freundinnen sie einfach nur „ertrugen"?*

Allzu leicht vergleichen wir uns mit anderen, auch mit unseren Freundinnen, und fragen uns, ob wir gut genug sind. Andere Mädchen wirken schlauer, hübscher, beliebter, selbstbewusster, besser im Sport oder in der Schule und haben mehr Ausstrahlung, als wir je erreichen werden. Anstatt die Begabungen anzuerkennen, die andere an uns bewundern, konzentrieren wir uns auf die Bereiche, die uns schwerfallen. Ursache für unsere Sorgen ist oftmals die Angst, nicht gemocht zu werden, nichts wert zu sein. Zwar ist es normal, dass wir uns ab und zu Sorgen machen oder Angst haben, aber wir können unsere Ängste bekämpfen, indem wir uns mit Gottes Augen sehen. Sein Blick unterscheidet sich grundlegend von dem Blick unserer Gesellschaft. In der Bibel steht, dass vollkommene Liebe unsere Furcht vertreibt. An die Stelle unserer Angst dürfen wir die Gewissheit über Gottes vollkommene Liebe zu uns setzen! So können wir selbstbewusst leben, denn wir wissen, wer wir sind und wie Gott sich uns ausgedacht hat.

Zum Nachdenken

- **Hattest du schon mal den Eindruck, du müsstest dich vor einem Freund/einer Freundin beweisen oder dich auf eine bestimmte Weise verhalten, um gemocht zu werden? Was war der Grund für diesen Eindruck?**

- **Wie kannst du positiv auf deine Angst oder Unsicherheit reagieren?**

CHALLENGE FÜR DICH

Bitte Gott, dir zu zeigen, wie er dich sieht, sodass du denselben Blick auf dich einüben kannst: Du verdienst Liebe und Freundschaft! Zähle drei Dinge auf, die dich einzigartig machen.

22
Kurzzeit-Freunde

Julie

Ich war ein Fremder, und ihr habt mich in euer Haus eingeladen.

Matthäus 25,35b

„Wie cool! Wir sind auch auf dem Weg nach Disney World!“ Bina ließ sich am Flughafen neben einem anderen Mädchen in einen Sitz plumpsen. Sie liebte es, neue Kontakte zu knüpfen, und der Flughafen war ein großartiger Ort dafür.

Das Mädchen lächelte schüchtern.

„Mit welchen Fahrgeschäften möchtest du denn fahren?“, fragte Bina weiter.

„Hm, vielleicht mit dieser Achterbahn …“, begann das Mädchen.

In diesem Moment piepte Binas Handy. Beim Blick auf die Nachricht fiel ihr ein, dass sie ihrer Mutter nicht gesagt hatte, wo genau sie im Flughafenterminal hinwollte. „Ups, warte bitte kurz“, bat sie und tippte ihrer Mutter eine Nachricht. Nun schaute die Mutter in ihre Richtung und Bina winkte ihr. „Also, was hast du grad über die Achterbahn gesagt? Damit bin ich noch nie gefahren. Aber ich habe gehört, dass sie krass sein soll.“

Wir brauchen nicht erwachsen zu sein und ein eigenes Haus zu haben, um freundlich und offen zu sein. *Gastfreundschaft* bedeutet, freundlich zu jemandem zu sein, den man nicht gut kennt, ohne eine Gegenleistung zu erwarten. Gastfreundschaft könnte so aussehen, dass du dich in der Mittagspause neben eine neue Mitschülerin setzt, damit sie nicht allein essen muss. Oder du kannst gastfreundlich sein, indem du jemanden zu einer Partie Beachvolleyball einlädst oder zu einem Fußballspiel auf dem Bolzplatz. Es gibt so viele Möglichkeiten für kleine freundliche Gesten in der Schule, in der Gemeinde oder an anderen Orten wie im Verein oder während eines Stadtbummels …

Warum fordert Jesus uns eigentlich auf, gastfreundlich zu sein? Hier kommt der Grund: Immer dann, wenn wir nett und freundlich zu anderen sind, die wir nicht gut kennen, ohne eine Gegenleistung zu erwarten, zeigen wir unsere Liebe zu Jesus und die Liebe von Jesus zu den Menschen. Vielleicht ist es dir unangenehm, in deiner Schule oder mit Fremden über Jesus zu *reden*. Aber freundlich zu sein, ohne eine Gegenleistung zu erwarten, ist eine gute Möglichkeit, etwas von Jesus zu *zeigen*, ohne dass du ein Wort sagen musst.

Zum Nachdenken

- **Ruf dir eine Situation in Erinnerung, in der eine fremde Person nett zu dir war. Was hat diese Person getan? Wie hast du dich dabei gefühlt?**

- **Ruf dir eine Situation in Erinnerung, in der du freundlich zu einer fremden Person warst. Was hast du getan? Wie hat das deinen Tag beeinflusst?**

CHALLENGE FÜR DICH

Nimm dir vor, mit jemandem, den du nicht so gut kennst, die Pause zu verbringen oder jemanden zu einer Freizeitaktivität einzuladen.

FREUNDSCHAFT IN AKTION

Mach mit deinen Freundinnen diese Woche eine Freundlichkeits-Challenge: Jede soll eine Woche lang mindestens einmal täglich zu einer Person freundlich sein, die sie nicht so gut kennt. Am Ende der Woche feiert ihr dann eine Challenge-Party, bei der ihr euch einander eure Erlebnisse erzählt.

23

Bemühe dich um Frieden

Kendra

Glücklich sind die, die sich um Frieden bemühen,
denn sie werden Kinder Gottes genannt werden.

Matthäus 5,9

Jana telefonierte mit einer Freundin, die sich unfreundlich über ein anderes Mädchen aus ihrer Klasse äußerte. Sie hörte ein paar Minuten zu, dann machte sie eine halbherzige, ebenfalls nicht so nette Bemerkung über das Mädchen.

Als Jana auflegte, rief ihre Mutter sie ins Nebenzimmer. „Was ist eigentlich los?", fragte die Mutter und setzte sich neben sie.

Jana ließ die Schultern hängen und begann zu erklären. „Zwei Mädchen aus meiner Klasse streiten sich." Diejenige, mit der sie gerade telefoniert hatte, wollte die anderen Mädchen in ihrer Klasse dazu bringen, nicht mehr mit dem dritten Mädchen befreundet zu sein.

Nun wusste Jana nicht, was sie tun sollte. Sie fühlte sich unter Druck gesetzt und hatte am Telefon bei den Unfreundlichkeiten mitgemacht, obwohl es fies war. Tränen stiegen ihr in die Augen, denn jetzt bereute sie die Worte vom Telefonat. Sie fühlten sich wie eine schwere Last an.

Ihre Mutter umarmte sie und hatte viel Verständnis für Janas Gefühlschaos. „Wenn du das nächste Mal in so eine Situation gerätst, versuche, eine Friedensstifterin zu sein. Lass die anderen Mädchen wissen, dass du mit beiden befreundet sein willst und kein Lästern der einen über die andere hören möchtest."

Ganz sicher ist es nicht immer einfach, eine perfekte Lösung zu finden. Doch als Friedensstifterin können wir immerhin versuchen, eine Freundschaftsbrücke zwischen anderen zu bauen. In der Bibel werden die als glücklich bezeichnet, die sich um Frieden bemühen. Wenn wir das tun, werden wir Kinder Gottes genannt. Sooft sich zwei Leute aus unserem Freundeskreis nicht miteinander vertragen, können wir Frieden stiften, indem wir uns *nicht* einmischen und *nicht* mitlästern, sondern zu demjenigen die Freundschaft suchen, der ausgegrenzt wird.

Zum Nachdenken

- **Hattest du jemals Freundinnen oder Mitschüler, die nicht miteinander auskamen? Wie wurde die Situation gelöst?**

- **Wie kannst du eine Friedensstifterin sein, wenn andere sich streiten oder gemein zueinander sind? (Überlege, welche Dinge jemanden zu einem guten Friedensstifter machen. Beispiele: nicht lästern, über keinen Menschen Gerüchte verbreiten, nicht Partei ergreifen, eine gute Zuhörerin für beide Seiten sein, beide unterstützen ...)**

CHALLENGE FÜR DICH

Wenn du zwei Leute siehst, die nicht miteinander auskommen, unternimm etwas, um zwischen ihnen Frieden zu stiften.

24
Sich anfreunden
Kristin

Seid stark und mutig, alle,
die ihr eure Hoffnung auf den Herrn setzt!
Psalm 31,25

„An meiner Schule gibt es ein neues Mädchen“, verkündete Nina, während sie nach der Schule am Küchentresen saß, wo sie Apfelstücke mit Erdnussbutter knabberte. „Sie heißt Ana. Man spricht das erste A lang: ‚Ah-na‘, aber die meisten sprechen es falsch aus. Sie korrigiert sie, ist aber ansonsten eher still und sagt nicht viel.“

Ninas Mutter sah von der Speisekammer herüber, wo sie etwas suchte. „Mit wem sitzt sie in der Mensa zusammen? Mit wem spielt sie in der Pause?“

Nina blickte verunsichert auf die Arbeitsplatte. „Ich weiß es nicht“, murmelte sie.

„Vielleicht kannst du ja ihre Freundin sein. Es gefällt ihr bestimmt, wenn jemand sie mit reinnimmt.“

„Vielleicht“, antwortete Nina und zuckte mit den Schultern. Darüber hatte sie noch nicht nachgedacht.

Ein paar Tage später stürmte Nina nach der Schule durch die Tür und lief schnurstracks auf ihren Vater zu. „Ich habe eine neue Freundin gefunden!“, rief sie. Ihr Herz klopfte vor Freude.

„Wirklich? Wie heißt sie denn?“

„Ana“, erwiderte Nina. „Sie saß in der Mensa bei uns.“

Da bemerkte Nina ihre Mutter im Nebenzimmer. Sie hatte das Gespräch mitbekommen. Die Mutter zwinkerte ihr zu und Nina grinste.

Als Christen, die mit Jesus befreundet sind, dürfen wir seine Liebe und Freundschaft mit anderen teilen. Die Psalmen erinnern uns daran, dass unsere Hoffnung in Gott liegt. Mit dieser Gewissheit dürfen wir mutig und stark sein. Wir sind nie allein. Er ist immer bei uns, in jeder Lebenslage! Gott selbst gibt uns die Kraft und die Furchtlosigkeit, die wir brauchen, um mutig auf andere zuzugehen. Wenn wir uns die Zeit nehmen, andere wahrzunehmen, und mutig genug sind, uns mit jemandem anzufreunden, kann daraus eines der besten und wertvollsten Geschenke überhaupt entstehen: eine neue Freundschaft.

Zum Nachdenken

- **Erinnerst du dich an eine Situation, in der sich jemand ganz unerwartet mit dir angefreundet hat?**
- **Warum ist es wichtig, selbst den ersten Schritt zu tun und neue Freundschaften zu suchen?**

CHALLENGE FÜR DICH

Freunde dich an. Lade jemanden zu dir nach Hause ein oder zu einem Sportevent oder einem Konzert.

FREUNDSCHAFT IN AKTION

Ideen, wie du zu einer neuen Klassenkameradin Kontakt aufbauen kannst:

- **Stell dich ihr vor.**
- **Wenn sie im Unterricht allein sitzt, setze dich daneben und leiste ihr Gesellschaft.**
- **Stelle Fragen, um sie kennenzulernen (Herkunft, Hobbys, Lieblingsmusik oder -filme).**
- **Frage, ob sie die Pause mit dir und deinen Freunden verbringen möchte.**
- **Gib ihr etwas Leckeres zu essen ab (frage zuerst nach Lebensmittelallergien).**

25

Mobberin oder Mutmacherin?

Julie

So kommen aus ein und demselben Mund: der Segen und der Fluch. Das, meine lieben Schwestern und Brüder, soll nicht so sein.

Jakobus 3,10 (DB)

„*Manche* Leute tragen diese Marke vielleicht, aber *ich* würde das niemals anziehen.“ Annabels Kommentar war so laut, dass Miriam ihn zwei Tische weiter hören konnte.

Miriam spürte, wie sie knallrot wurde, denn sie trug ein T-Shirt von genau der Marke, über die Annabel und ihre Freundinnen lautstark diskutierten. Jeder, der Annabels Aussage gehört hatte, konnte sehen, dass Miriam ein Shirt mit diesem Logo trug.

„Ich finde die Marke total okay“, sagte plötzlich Ruth. „Wenn jemand die Sachen mag, warum sollte er sie nicht anziehen?“ Ruth lächelte Miriam an und Miriam lächelte zurück. Sie war dankbar, dass Ruth zu ihr hielt. Annabels Meinung schien plötzlich doch keine so große Rolle mehr zu spielen.

War Annabel gemein? Ja. Vielleicht würde Annabel zu ihrer Verteidigung sagen, dass sie nicht direkt mit Miriam gesprochen hatte. Sie könnte auch vorgeben, gar nicht über Miriam gesprochen zu haben, weil sie ihren Namen nicht genannt hatte. Aber jedem Zuhörer war klar, dass sie Miriam damit verletzen wollte.

Wenn Leute solche subtilen Beleidigungen verwenden wie Annabel, ist das eine Art von Mobbing. Dieses Mobbing bekommen Erwachsene oftmals nicht mit, deshalb werden manche Mädchen richtig gut im Beleidigen, wenn sie auf ein anderes Mädchen wütend sind oder es nicht mögen.

Das Bibelbuch Jakobus macht uns klar, dass unsere Worte Macht haben. Es liegt an uns zu entscheiden, ob wir Menschen ermutigen oder verletzen wollen. Dabei ist das Verletzen eine Sünde. Hinterhältige Gemeinheit ist genauso falsch wie eine direkte Beleidigung. Das ist die neue Challenge: Wir wollen unseren Mund benutzen, um zu segnen, Mut zu machen und andere zu verteidigen, anstatt sie niederzumachen.

Zum Nachdenken

- **Denk an eine Situation, in der du gemobbt bzw. geärgert wurdest. Was sagte diese Person zu dir oder über dich? Wie hast du dich gefühlt? Was taten die anderen, die diese Situationen mitbekommen haben?**

- **Was könntest du das nächste Mal sagen, wenn du merkst, dass jemand unauffällig gemobbt wird? Wie könntest du die Person verteidigen, die beleidigt wird? Welchem Erwachsenen könntest du davon erzählen?**

CHALLENGE FÜR DICH

Sei wachsam, wenn jemand in deiner Schule, deiner Gemeinde oder in deinem Freundeskreis offen oder unauffällig gemobbt wird. Sprich es an, wenn jemand hinterhältig angefeindet wird.

26

Freundschaftsersatz

Kendra

Gott, erhöre mein Gebet und vernimm meine Bitte.

Psalm 54,4

„Welchen Film willst du heute Abend schauen?“, fragte Charlottes Vater mit einem Lächeln und hielt zwei ihrer Lieblingsfilme hoch.

Charlotte deutete auf die DVD in der linken Hand ihres Vaters und kuschelte sich neben ihn auf die Couch.

Als die Eröffnungsmusik erklang, drückte der Vater Charlottes Arm. „Na, gab es heute etwas Neues in puncto Freundesuche an der Schule?“

Charlotte zuckte mit den Schultern. Dieser Umzug in eine neue Stadt mitten in der Mittelstufe war überhaupt nicht leicht. An ihrer vorherigen Schule hatte sie gute Freunde gehabt. Die konnte man nicht in ein paar Tagen oder Wochen ersetzen.

„Mach dir keine Sorgen“, sagte ihr Vater. „Das kommt schon noch. Gib der Sache einfach Zeit. Ich bete dafür, dass du gute Freundinnen findest.“

„Ich auch“, erwiderte Charlotte, während sie sich an ihn lehnte und lächelte. Sie hatten diese Woche jeden Abend einen Film geschaut. Sie merkte, dass ihr Vater sich bemühte, eine Art Ersatz zu sein, solange sie ihre alten Freunde vermisste und noch keine neuen gefunden hatte.

Eltern, Großeltern und andere nahestehende Erwachsene übernehmen viele Rollen, eine davon kann auch die eines Freundes sein. Charlottes Filmabende mit ihrem Vater hielten nicht lange an, denn schon bald fand sie an ihrer neuen Schule Freunde. Jedoch war seine Freundschaft eine Gebetserhörung für sie, als sie einsam war und wirklich jemanden in ihrer Nähe brauchte.

Auch ohne Umzug kann es Zeiten geben, in denen man sich einsam fühlt und sich nach einer Freundin sehnt. Wenn du das spürst, bitte Gott doch um eine Freundin. Solche Bitten erhört Gott unglaublich gerne und er nimmt unsere Bitten ernst. Wir können uns auch jemanden suchen (vielleicht einen vertrauenswürdigen Erwachsenen), mit dem wir über unseren Wunsch sprechen. Wie bei Charlotte und ihrem Vater erleben wir vielleicht, dass ein Familienmitglied einspringt, wenn wir Freundschaft brauchen.

Zum Nachdenken

- Hast du dich schon mal einsam gefühlt? Hast du in diesem Moment Gott um eine Freundin gebeten?
- Welchem Erwachsenen könntest du dich anvertrauen und von deiner Einsamkeit erzählen?

CHALLENGE FÜR DICH

Wenn du mit dem Freundschaftsthema zu kämpfen hast, vertrau dich Gott an. Und wende dich an einen vertrauenswürdigen Erwachsenen, um deine Sorgen mit ihm zu besprechen.

FREUNDSCHAFT IN AKTION

Sieh dir zu Hause mit jemandem aus deiner Familie einen Lieblingsfilm an, um eure Verbundenheit zu stärken. Bereitet einen Snack vor und sammelt die Ideen: Action, Komödie, Zeichentrickfilm? Wenn ihr mehr als einen Film schauen wollt, veranstaltet einen Film-Marathon oder verteilt die Filme auf mehrere Abende.

27

Im Frieden leben

Kristin

Wenn es möglich ist und soweit ihr es selbst beeinflussen könnt, lebt im Frieden mit allen Menschen.

Römer 12,18 (DB)

„Sag mal, ich hab Katharina schon lange nicht mehr gesehen. Was ist los?“, fragte Johannas Mutter eines Abends am Esstisch.

Johanna blickte auf ihren Teller und zuckte mürrisch mit den Schultern. „Momentan verstehen wir uns nicht so gut“, gab sie zu.

Ihre Mutter schenkte ihr ein mitfühlendes Lächeln und strich ihr über die Schulter, doch Johanna brachte kein Lächeln zustande.

In Wahrheit fühlte sie sich verlassen. Katharina und sie waren in denselben Jungen verknallt, aber weil der sich für Johanna interessierte, hatten sich ihre anderen Freunde gegen sie auf Katharinas Seite gestellt. Obwohl Johanna nichts falsch gemacht hatte, wurden ihre Freundschaften plötzlich so kompliziert. Ihre wichtigsten Freundinnen wandten sich von ihr ab und gingen ihr aus dem Weg.

Ein paar Wochen später entschuldigte sich Katharina dafür, dass sie ihre gekränkte Ehre über die Freundschaft zu Johanna gestellt hatte. Johanna verzieh ihr. Sie wurden noch bessere Freundinnen als zuvor. Obwohl Johanna noch immer ihre anderen Freundinnen vermisste, war sie froh, dass sie wenigstens Katharina als Stütze wiederhatte.

Manchmal sind wir versucht, jemandem eine Sache so richtig übel zu nehmen. Sobald uns ein geliebter Mensch verletzt, ärgern wir uns oder werden wütend auf ihn. Doch als Christen sollen wir Menschen des Friedens sein. Wichtig ist dabei, dass wir Frieden halten sollen, „soweit ihr es selbst beeinflussen könnt“. Manche Konflikte sind unvermeidlich, und nicht immer ist unser Gegenüber daran interessiert, mit uns Frieden zu schließen. Dann ist der Augenblick gekommen, dem anderen (respektvoll) zu widersprechen. In Bezug auf Freundschaft bedeutet ein Leben in Frieden, dass wir bereit sein sollen, eigene Fehler einzugestehen, uns zu entschuldigen und einander zu verzeihen. Das ist die Umsetzung von „soweit ihr es selbst beeinflussen könnt“. Falls zwei unserer Freunde einen Konflikt haben, dürfen wir nicht vorschnell urteilen oder Partei ergreifen. Vielmehr sollen wir uns Gedanken machen, wie wir Frieden zwischen Freunden fördern könnten.

Zum Nachdenken

- **Hattest du schon mal eine Meinungsverschiedenheit mit Freundinnen? Hast du in dieser Situation zum Frieden beigetragen oder es eher schlimmer gemacht?**

- **Wie kannst du bei Freundschaftskonflikten ein Mensch des Friedens sein?**

CHALLENGE FÜR DICH

Wenn deine Freundinnen das nächste Mal einen Konflikt haben, bleibe neutral und stell dich auf keine der beiden Seiten.

28

Große-Schwester-Belohnung

Julie

Auf einen Freund kann man sich immer verlassen, und ein Bruder ist dazu da, dass man einen Helfer in der Not hat.

Sprüche 17,17

„Mara, komm sofort runter! Ich muss mit dir reden."

Mara seufzte. Am Tonfall ihrer Großmutter erkannte sie, dass sie Ärger bekommen würde. *Wahrscheinlich hat Josia gepetzt*, dachte sie.

Mara hat zwei jüngere Brüder. Obwohl sie sich meistens gut verstehen, treiben sie Mara manchmal in den Wahnsinn. Wenn sie ganz besonders nerven, verlangt Mara von ihnen die „Große-Schwester-Belohnung": Sie wartet, bis die Jungs kurz vor dem Abendessen oben in ihrem Zimmer spielen. Sobald Oma zum Essen ruft, versperrt Mara oben die Treppe und zwingt ihre Brüder, sie auf jeder Stufe einmal zu umarmen, bis sie unten angekommen sind. Zwölf Umarmungen. Das ist eine lustige Rache, denn kein jüngerer Bruder will seine Schwester zwölfmal hintereinander umarmen!

Die Großmutter wartete in der Küche auf sie. „Deine Brüder werden eines Tages größer und stärker als du sein, Mara. Eines Tages wirst du ihre Hilfe brauchen. Warum gibst du dir nicht mehr Mühe, ihre Freundin zu sein, anstatt sie ständig zu piesacken und zu ärgern?"

Im Bibelbuch der Sprüche lesen wir, dass unsere Geschwister dazu bestimmt sind, in schwierigen Zeiten für uns da zu sein. Als Erwachsene können Geschwister zu engen Freunden werden, denn sie sind im selben Haus aufgewachsen, verstehen uns besser als viele andere und haben oft einen guten Rat, wenn wir vor schwierigen Entscheidungen stehen.

Stell dir vor: Das beste Anzeichen dafür, ob Geschwister als Erwachsene Freunde sein werden, ist, wie gut sie als Kinder miteinander gespielt haben! Geschwister, die gerne miteinander abhängen und bewusst Sachen gemeinsam unternehmen, werden als Erwachsene mit größerer Wahrscheinlichkeit gute Freunde. Das Leben ist manchmal hart, doch Freunde zu haben, die in derselben Familie aufgewachsen sind, bringt in schweren Zeiten eine wichtige Unterstützung.

Zum Nachdenken

- Wie kannst du deinen Geschwistern eine bessere Freundin sein? Falls du keine Geschwister hast: Gibt es Cousins, Cousinen oder andere Verwandte in deinem Alter, denen du freundschaftlich begegnen kannst?

- Welche gemeinsamen Interessen oder Hobbys kannst du mit deinen Geschwistern oder Verwandten pflegen, um eine Freundschaft aufzubauen?

CHALLENGE FÜR DICH

Beginne diese Woche, deine Geschwister so zu behandeln wie enge Freunde, und beobachte, was passiert.

FREUNDSCHAFT IN AKTION

Sei für deine Familienmitglieder eine Freundin.
Probier mal etwas davon aus:

- Fordere jemandem aus deiner Familie zu einem freundschaftlichen Wettkampf heraus, z. B. Seilspringen, Kirschkern-Weitspucken, Basketball-Zielwerfen ...
- Nehmt euch Zeit, gemeinsam zu puzzeln, spielt zusammen ein Brettspiel oder ein Computerspiel.
- Biete deine Hilfe beim Kochen an.
- Erledige unaufgefordert eine Aufgabe im Haushalt für ein Geschwisterkind oder deine Eltern.

29

Unsere Unterschiede feiern

Kendra

So schuf Gott die Menschen nach seinem Bild, nach dem Bild Gottes schuf er sie, als Mann und Frau schuf er sie.

1. Mose 1,27

„Hallo, ich heiße Jasmin", stellte Jasmin sich vor, als sie ein neues Mädchen bemerkte, das zu Beginn des Schuljahres in ihre Klasse kam. „Ich bin Evi", antwortete das andere Mädchen schüchtern. Jasmin erkannte sofort, dass ihre neue Freundin ein Mädchen mit Downsyndrom war.

Im Laufe des Jahres verbrachte Jasmin viel Zeit mit ihrer neuen Freundin Evi. Sie spielten Fangen und sprachen über Filme, die Evi interessierten, und gingen zusammen ins Kino. Jasmin erzählt, dass die Leute zwar meistens nett zu Evi waren, aber manchmal schienen sie sich unwohl zu fühlen oder wollten nicht in ihrer Nähe sein. Das machte Jasmin traurig. Sie wusste, dass Evi ein liebes Herz hat, und wollte ihr immer zeigen, dass sie angenommen ist und dazugehört. Selbst als sie später nicht mehr in einer Klasse waren, blieben die beiden befreundet.

Es ist nicht ungewöhnlich, dass man sich in der Nähe von Menschen, die anders sind als man selbst, unwohl fühlt. Unterschiede festzustellen, ist natürlich total in Ordnung. Denn die Unterschiede machen uns ja einzigartig! Aber wir sollten nicht bei den *Unterschieden* stehen bleiben. Sondern wir können Leute besser kennenlernen, um unsere *Gemeinsamkeiten* herauszufinden. Jasmin erkannte ziemlich schnell, wie viele gemeinsame Interessen Evi und sie hatten, Lieblingsfilme und Lieblingsspiele. Ihre Gemeinsamkeiten stärkten ihre Freundschaft.

Niemand darf ausgegrenzt werden, weil er anders ist, denn irgendwie sind wir ja alle unterschiedlich. Stattdessen sollten wir jedem vermitteln, dass er angenommen ist. In der Bibel steht, dass alle

Menschen nach „Gottes Bild“ geschaffen wurden, also haben wir eine Ähnlichkeit mit Gott und sind in seinen Augen wertvoll. Aus diesem Grund dürfen wir alle unsere Einzigartigkeit feiern! Wir sind Leute, die Jesus lieben, darum können wir Menschen freundlich annehmen, auch wenn andere das nicht tun. Wir sehen in ihnen nämlich den Wert, den Gott in jeden von uns hineingelegt hat.

Zum Nachdenken

- **Hast du schon mal jemanden in eine Gruppe aufgenommen, der auf den ersten Blick vielleicht anders aussah oder sich anders verhalten hat als du?**

- **Vielleicht fühlst du dich oft anders als die anderen. Überleg mal: Wie beziehen dich andere in ihre Gemeinschaft ein?**

CHALLENGE FÜR DICH

Sei freundlich und offen zu einer Person, die anders ist als du, aber Freundschaft braucht, entweder in der Schule oder bei anderen Aktivitäten. Wenn du selbst auf der Suche nach Freundschaft bist: Sprich heute jemanden an und beginne ein Gespräch.

30

Verrückt nach Jungs

Kristin

„Denn ich weiß genau, welche Pläne ich für euch gefasst habe“, spricht der Herr. „Mein Plan ist, euch Heil zu geben und kein Leid. Ich gebe euch Zukunft und Hoffnung.“

Jeremia 29,11

Lara stöberte in einigen alten Kisten und Kartons, als sie einen versiegelten Schuhkarton entdeckte, den sie noch nie gesehen hatte.

„Mama, was ist das?“, rief sie und schüttelte den Karton vorsichtig. Drinnen raschelte etwas.

„Ach, du meine Güte“, sagte ihre Mutter beim Hereinkommen. „Das sind meine alten Tagebücher und Notizen aus der Mittelstufe.“ Die Mutter entsiegelte den Schuhkarton und Lara schaute neugierig hinein. Notizzettel quollen heraus, manche in lustigen Formen zerknittert, andere hastig zusammengefaltet.

Es ging in den Notizen um Hausaufgaben, Tests, Bands, einen Chor und Sport. Einige waren lästernd, manche witzig. Manchmal ging es um Pläne für Übernachtungen oder gemeinsame Aktionen nach der Schule. Aber die Mehrheit der Zettel drehte sich um Jungs. Ob Sara nun Rolf mochte oder nicht, ob Teresa wirklich in Matt verknallt war ...

„Ich wusste gar nicht, dass du so verrückt nach Jungs warst“, neckte Lara ihre Mutter. Ihre Mutter rollte mit den Augen. „Wenn du wüsstest! Das Lustige an der Sache ist, dass keine dieser Beziehungen gehalten hat. Trotzdem haben sie ganz schön viel Eifersucht und Liebeskummer in meinen Freundschaften verursacht. Aus heutiger Sicht würde ich mir wünschen, dass meine Freundinnen und ich uns mehr auf uns selbst konzentriert hätten, auf unsere Zukunftspläne oder einfach unsere Urlaubspläne, als auf Beziehungen, die nicht gehalten haben.“

Das gilt auch für uns, wenn wir mit unseren Freundinnen Zeit verbringen: Wäre es nicht schöner, unsere Aufmerksamkeit auf Gottes

Pläne und unsere Träume zu richten anstatt auf zeitraubende Beziehungsdramen? Wie wäre es, uns weniger um Jungs zu drehen, dafür häufiger unsere Freundinnen zu fragen, was sie nächstes Jahr erreichen oder welchen Spaß sie mal ausprobieren möchten? Was uns als Person wirklich ausmacht, ist unsere Beziehung zu Christus. Er hat einen Traum und eine Vision für unsere Zukunft, den gilt es, gemeinsam mit unseren Freundinnen zu entdecken.

Zum Nachdenken

- **Bist du schon mal in einen Zickenkrieg hineingezogen worden, besonders in Bezug auf Jungs? Was könntest du beim nächsten Mal tun, um das Gespräch auf ein anderes Thema zu lenken?**

- **Welche Dinge unternimmst du gerne? Welches Ziel würdest du gerne erreichen?**

CHALLENGE FÜR DICH

Schreib einer Freundin einen kleinen Brief. Schreib darüber, was du gerne mal ausprobieren würdest, oder über eine Sache, die ihr gerade plant. Bitte deine Freundin, auch dir einen solchen Brief zu schreiben.

FREUNDSCHAFT IN AKTION

Nimm ein Tagebuch oder ein Notizbuch und schreib deine Träume und Pläne auf. Mit dem folgenden Lückentext „Träume und Pläne“ kannst du den Anfang machen. (Überlege, ob du einer Freundin vorschlagen könntest, mitzumachen und dann über eure Ergebnisse zu reden.)

Ich wünsche mir, dass ich in 10 Jahren ....

Folgenden Ort würde ich gerne mal sehen: ....

Was ich noch nie ausprobiert habe,
aber gerne mal ausprobieren würde: ....

Wenn ich jeden Job der Welt kriegen könnte,
wäre ich gerne von Beruf ....

Folgende Person aus meinem Freundeskreis
bewundere ich: ....,
weil ....

Zu einem perfekten Tag gehört für mich: ....

Folgendes würde ich sehr gerne mal essen: ....

Mein größter Traum (bisher) ist: ....

Wenn ich freie Wahl hätte, mit welchem Menschen auf der Welt ich mal essen gehen dürfte,
würde ich diese Person auswählen: ....

31

Jüngere Geschwisterkids

Julie

Gott liebt den Menschen, der gerne gibt.

2. Korinther 9,7b

„Du, Luzie, ich hab unsere Mütter belauscht, und es klang, als würde meine kleine Schwester heute Abend auch zu unserer Übernachtung kommen sollen.“ Jule setzte mit Schwung ihren Schulrucksack ab und ließ sich auf den Bussitz direkt hinter Luzie fallen.

„Aber wir wollten doch mit dem Fahrrad zu Sandra fahren! Das geht nicht, wenn Ella dabei ist“, gab Luzie zu bedenken und drehte sich zu Jule um.

„Ich weiß.“ Jule runzelte die Stirn. „Meine Mutter muss meine Uroma im Krankenhaus besuchen, und deine Mutter hat angeboten, Ella zu übernehmen, damit Mama keinen Babysitter suchen muss.“

Auch Luzie runzelte die Stirn. Sie hatte sich darauf gefreut, mit Sandra abzuhängen. Doch dann erinnerte sie sich an ihre eigene erste Auswärtsübernachtung. „Hat Ella schon mal woanders übernachtet?“

„Nur bei ihren Cousinen“, antwortete Jule.

„Okay, dann überlegen wir uns ein paar Sachen, die wir heute Abend mit Ella machen können, und verschieben unsere Pläne mit Sandra auf nächsten Freitag.“ Luzie kramte rasch nach Stift und Papier, um Ideen aufzuschreiben. „Meinst du, sie baut gerne Höhlen aus Decken?“

„Auf jeden Fall! Ich habe in ihrem Alter Höhlenbauen geliebt.“

Der Plan von Jule und Luzie ging auf. Für Ella war es eine wunderbare erste Auswärtsübernachtung. Am nächsten Morgen nahm Luzies Mutter die beiden unauffällig beiseite, um ihnen dafür zu danken, dass sie so nett zu Ella gewesen waren.

Jüngere Geschwister, Cousins und Cousinen, Nachbarskinder und Schulkinder finden es richtig toll, wenn ältere Mädchen ihnen Aufmerksamkeit schenken, zuhören und sie in Aktivitäten einbeziehen. Für sie seid ihr die coolen großen Mädchen. Sie fühlen sich total geehrt, wenn sie bei eurem Spaß dabei sein dürfen, egal, was es ist. Gott wünscht sich, dass wir beim Geben fröhlich sind: Wir sollen Menschen sein, die anderen gegenüber großzügig sind, anstatt insgeheim nachtragend und mürrisch zu sein. Das gilt für dein ganzes Leben und für alles, was du hast und bist: für deine Zeit, dein Geld, deine Talente und deine Aufmerksamkeit.

Zum Nachdenken

- **Gab es schon mal eine Situation, in der ein älteres Mädchen deutlich gemacht hat, dass sie dich nur ungern bei einer Sache mitmachen lässt? Wie hat sich diese Erfahrung angefühlt?**

- **War ein älteres Mädchen dir gegenüber schon mal großzügig, indem sie dir Zeit und Aufmerksamkeit geschenkt hat? Wie hast du dich durch ihre Großzügigkeit gefühlt?**

CHALLENGE FÜR DICH

Übe dich darin, Jüngeren gegenüber freundlich zu sein: zu Geschwistern, Cousins oder Cousinen, einem Kind im Bus, einem Nachbarskind …

32

Bewährungsprobe für die Freundschaft

Kristin

Prüft jedoch alles und behaltet das Gute!

1. Thessalonicher 5,21 (Hfa)

Es klingelte. Sarah rannte zur Tür, sah schon durch die Fensterscheibe ihre beste Freundin Aurelia und freute sich. Doch ihre Freude verflog schnell, als sie die Tür öffnete und die roten Augen im tränenüberströmten Gesicht ihrer Freundin sah. „Aurie, was ist los?“

Aurelia blickte zu Boden, ihr Atem stockte. „Wir ziehen weg.“

„Nein!“, rief Sarah und nahm Aurelia fest in die Arme. Sie blinzelte heftig und spürte, wie sich auch ihre Augen mit Tränen füllten. Sie war traurig, aber auch wütend. Wie konnte das nur passieren? Was sollten sie jetzt tun?

Die beiden Mädchen wohnten gegenüber voneinander und waren seit mehr als einem Jahr unzertrennlich. Sarah hatte Angst, dass sie durch den Umzug von Aurelia ihre beste Freundin verlieren würde. Ihr war klar, dass sie Aurelia zwar noch manchmal sehen würde, aber nicht mehr so oft.

Als der Tag des Umzugs näher rückte, war Sarah fest entschlossen, ihre Freundschaft mit Aurelia aufrechtzuerhalten. Sie bettelte ihre Mutter an, noch so viel Zeit wie möglich mit Aurelia zu verbringen. Nach dem Umzug trafen die beiden sich manchmal nur jeden zweiten Monat. Trotzdem schafften sie es, den Kontakt zu halten. Sie sind immer noch beste Freundinnen.

Die Bibel gibt uns den Tipp, das Gute zu behalten. Das gilt für gute Überzeugungen und Ansichten, an denen wir festhalten sollen, aber auch für gute Freundschaften, die wir pflegen. Durch ihre Erfahrung hat Sarah gelernt, dass manche Freundschaft Anstrengung erfordert, es sich jedoch am Ende lohnt. Wie Sarah sollten wir die guten Dinge in unseren Freundschaften „behalten", indem wir bei Hindernissen nicht aufgeben. Wenn du eine richtig gute Freundin hast, mach es dir zur Priorität, Zeit mit ihr zu verbringen. Selbst wenn die Entfernung groß ist oder andere Umstände ungünstig sind, bleibt es wahnsinnig wichtig, so oft wie möglich Kontakt mit ihr aufzunehmen. Letztendlich lohnt sich solche Anstrengung, denn deine Belohnung ist eine dauerhafte, feste Freundschaft.

Zum Nachdenken

- **Wenn räumliche Entfernung oder andere Hindernisse eine Freundschaft erschweren, was könntest du unternehmen, um die Freundschaft zu erhalten?**

CHALLENGE FÜR DICH

Schreibe die Leute auf, deren Freundschaft dir besonders wichtig ist. Schmiede Pläne, auf welche Weise diese Freundschaften in deinem Leben noch mehr Priorität bekommen können.

FREUNDSCHAFT IN AKTION

Mit folgenden einfachen Möglichkeiten kannst du eine Freundin ermutigen, die wegzieht:

- Schicke ihr einen Mut machenden Brief per Post.
- Schreibe ihr Textnachrichten und sag, dass du für sie betest.
- Ruf sie an und frage nach, wie es ihr geht.
- Schick ein Freundinnen-Paket an ihre neue Adresse mit ein paar Leckereien, die sie besonders gern isst.

33

Einander verteidigen

Kendra

Liebe Kinder, wir wollen nicht nur davon reden, dass wir einander lieben; unser Tun soll ein glaubwürdiger Beweis unserer Liebe sein.

1. Johannes 3,18

„Ich bewerbe mich für die Theatergruppe!", rief Tessa ihrer großen Schwester Clara nach dem ersten Schultag des neuen Schuljahres zu.

Für Tessa war das ein großer Schritt. Sie musste all ihren Mut zusammennehmen, denn eigentlich war sie schüchtern und ein wenig unsicher. Tessa wurde in die Gruppe aufgenommen und liebte das Theaterspielen. Doch im Laufe der Schulhalbjahres begannen einige der älteren Mädchen, Tessa zu kritisieren und laut nachzudenken, ob sie überhaupt in die Gruppe passe. Eines Abends ging Tessa weinend nach Hause.

Aus Claras Zimmer hörte sie Musik. Als Tessa eintrat, schaute Clara von ihrem Bett auf. „Was ist denn los?"

Der mitfühlende Blick ihrer großen Schwester trieb Tessa wieder die Tränen in die Augen. „Alles ist schrecklich!", antwortete sie, und Clara gab ihr ein Taschentuch.

Nun setzte sich Tessa auf Claras Bett und erzählte ihr die ganze Situation: Was die anderen Mädchen gesagt hatten, welche Blicke sie spürte, wie sie sich fühlte, einfach alles. Clara hörte zu und sagte dann mit entschlossenem Blick, dass sie mit einem der Mädchen aus der Theatergruppe sprechen wolle. Sie rief das besagte Mädchen an und erklärte ihr, dass die Art und Weise, wie sie Tessa behandelten, nicht richtig sei. Beim Zuhören schöpfte Tessa neuen Mut, weil ihre Schwester sie so wunderbar verteidigte.

Wir alle brauchen jemanden, von dem wir wissen, dass er auf unserer Seite steht, egal, was passiert, eine Freundin, die uns ermutigt, uns aufbaut und für uns eintritt, wenn andere unfreundlich sind. Hast du mal darüber nachgedacht, dass auch du eine solche Person im Leben eines anderen Menschen sein könntest? In der Bibel steht, dass wir von der Liebe zu den anderen Menschen nicht bloß *reden* sollen. Vielmehr sollen wir die Liebe durch unsere Taten *zeigen*. Es erfordert vielleicht Mut, eine Freundin zu verteidigen, die verletzt, ausgelacht, geärgert wurde. Aber damit zeigt sich die Liebe ganz konkret im Leben.

Zum Nachdenken

- **Hast du Geschwister, enge Verwandte oder Freunde, die dich schon mal verteidigt haben? Was hat das in dir bewirkt damals und heute?**

- **Hattest du bereits die Gelegenheit, eine Freundin zu verteidigen? Was ist danach passiert?**

CHALLENGE FÜR DICH

Überlege dir, wie du deine Geschwister oder Freunde verteidigen würdest, damit sie sicher wissen, dass du auf ihrer Seite stehst.

34

Die persönliche Freundschaft mit Jesus

Julie

Ich bin der gute Hirte; ich kenne meine Schafe und sie kennen mich.

Johannes 10,14

„Kennst du Henriette?“, fragte Evelyn beim Mittagessen. Sie wollte ihrer besten Freundin Camilla unbedingt von dem neuen Mädchen erzählen, das sie im Camp kennengelernt hatte. „Sie spielt auch Basketball!“

„Nein, ich glaube nicht, dass ich sie mal bei einem Basketballspiel gesehen hätte.“ Camilla öffnete ihre Brotbox. „Wie ist sie so?“

„Henriette ist toll! Sie hat drei ältere Geschwister, liebt Pferde und zeichnet.“ Evelyn nahm einen Bissen von ihrem Brot, bevor sie fortfuhr. „Du musst sie unbedingt kennenlernen, ihr würdet euch mögen!“

„Ja, cool“, antwortete Camilla. „Ich bin bereit. Das klingt gut.“

Aus diesem Gespräch wird deutlich, dass Evelyn Henriette kennt, während Camilla nur ein paar Dinge über Henriette weiß, stimmt’s? Sie kennt nur die Ausschnitte, die Evelyn erzählt hat, und kann nicht behaupten, mit Henriette befreundet zu sein, auch wenn das vielleicht ihre zukünftige Erwartung ist.

Wenn du an Jesus denkst, bist du dann wie Evelyn oder wie Camilla? Solange deine Beziehung zu Jesus nur auf dem beruht, was du im Gottesdienst oder von Freunden gehört hast, bist du wie Camilla. Du weißt etwas *über* Jesus, aber du *kennst* ihn nicht wirklich. Doch sobald du selbst betest und die Bibel liest, bist du wie Evelyn, weil du direkt mit Jesus sprichst.

Genau wie wir Freundschaften im Laufe der Zeit durch gemeinsame Unternehmungen aufbauen, bauen wir auch unsere Beziehung zu Jesus auf. Wir nehmen uns Zeit fürs Bibellesen. Wir bitten Jesus, uns zu zeigen, wie wir unser Leben führen sollen. Sein Leben gibt uns Inspiration. Außerdem reden wir mit ihm. Und wir beten ihn an, wenn wir im Lobpreis unsere Lieblingslieder summen oder singen. So kann Jesus zu unserem besten Freund werden.

Zum Nachdenken

- **Woher bekommst du die meisten Infos über Jesus? Hauptsächlich von anderen Menschen oder auch durch Bibellesen und das direkte Gespräch mit ihm?**

- **Frage einen Erwachsenen, den du gerne magst, wie er oder sie mit Gott redet, und denke darüber nach, welche Ideen du davon übernehmen könntest.**

CHALLENGE FÜR DICH

Nimm dir jeden Tag zehn Minuten Zeit, um in der Bibel zu lesen, und fünf Minuten, um mit Jesus zu sprechen, nicht mit einem vorformulierten Gebet, sondern so, wie du mit einem vertrauten Freund sprechen würdest.

FREUNDSCHAFT IN AKTION

Geheimplatz: Wusstest du, dass viele Leute einen besonderen Ort haben, an dem sie sich mit Jesus treffen? Finde einen Ort, an dem du dich mit deiner Bibel und einem Tagebuch zurückziehen kannst, um mit Gott zu reden. Es könnte ein Lieblingssessel sein, ein Lieblingsbaum im Garten oder eine Ecke in deinem Zimmer. Gestalte den Ort mit viel Fantasie für dich besonders schön, vielleicht klebst du Bibelverse an die Wand oder nimmst deine Lieblingsdecke zum Einkuscheln, während du Bibel liest und betest.

35

Versuch nicht zu spekulieren

Kendra

Und nun, liebe Freunde, lasst mich zum Schluss noch etwas sagen: Konzentriert euch auf das, was wahr und anständig und gerecht ist. Denkt über das nach, was rein und liebenswert und bewunderungswürdig ist, über Dinge, die Auszeichnung und Lob verdienen.

Philipper 4,8

In Franziskas Klasse können sich die Schüler jeden Tag ihren Platz im Klassenzimmer neu aussuchen. Es gibt nur eine einzige Regel: Sobald die Schüler sich einen Platz gesucht haben, müssen sie ihn für den Rest des Tages behalten und können erst am nächsten Morgen wieder wechseln.

Eines Tages besetzten die Freundinnen, mit denen Franziska normalerweise zusammensitzt, einen ganzen Tisch, und Franziska musste allein an einem anderen Tisch sitzen. Zu allem Überfluss schauten die vier Mädchen immer wieder zu ihr herüber, steckten dann die Köpfe zusammen und flüsterten.

Franziska war sich unsicher, ob die vier über sie redeten. „Es hat sich so blöd angefühlt", sagte sie später zu ihrer Mutter. „Als ob sie lästerten."

Ihre Mutter nickte und fragte: „Könnte es auch sein, dass die Mädels gar nicht über dich geredet haben?"

„Ich weiß nicht", gab Franziska zu.

Rückblickend wünscht sich Franziska, sie hätte den Mut gehabt, mit den Freundinnen zu reden, um herauszufinden, was sie geflüstert hatten. Sie nahm sich vor, beim nächsten Mal nicht zu spekulieren und vom Schlechtesten auszugehen, sondern direkt nachzufragen.

Die hässliche Fratze namens „Unsicherheit" macht sich oft bemerkbar, vor allem, wenn wir so allein sind wie Franziska. Dann redet eine fiese Stimme uns negative Dinge über uns selbst ein, ja lügt uns sogar an, um uns zu entmutigen. Die Bibel sagt, dass wir uns auf das konzentrieren sollen, was wahr, schön und richtig ist. Wenn wir uns in Freundschaften unsicher fühlen und nicht wissen, ob die Freundin zu uns hält oder nicht, sollten wir uns die Dinge vor Augen führen, die an unseren Freunden wahr und gut sind. Wir verdienen es, uns in unseren Freundschaften sicher zu fühlen und uns gegenseitig das Gute zu unterstellen.

Zum Nachdenken

- **Wann hast du dich allein oder unsicher gefühlt? Wie bist du damit umgegangen?**
- **Was würde passieren, wenn du dich auf das konzentrieren würdest, was ganz sicher wahr ist, anstatt zu spekulieren, welche Gedanken und Gefühle deine Freunde in Bezug auf dich haben könnten?**
- **Welche drei Eigenschaften an dir sind wahr und schön?**

CHALLENGE FÜR DICH

Wenn du dich in einer Freundschaft unsicher fühlst, rede ganz bewusst mit dieser Freundin darüber.

36

Der Geruch von Glück

Julie

Alles, was gut und vollkommen ist, wird uns von oben geschenkt, von Gott, der alle Lichter des Himmels erschuf. Anders als sie ändert er sich nicht, noch wechselt er zwischen Licht und Finsternis.

Jakobus 1,17

Jaqueline schnappte sich eine Tüte mit Hyazinthenzwiebeln aus dem Supermarkt-Regal und sagte zu ihrer Tante: „Ich habe ein Video gesehen, in dem gezeigt wird, wie man Zwiebeln mitten im Winter zum Blühen bringt. Meinst du, wir können das ausprobieren?"

„Wunderbar! Ich liebe Hyazinthen, sie duften so gut", antwortete ihre Tante und strich ihrer Nichte über den Rücken, während diese die Zwiebeln in den Einkaufswagen legte.

An einem Nachmittag Ende Dezember holte Jaqueline die Zwiebeln aus der Garage, wo sie gelagert hatten. „Schau, ich hab diese Vasen gekauft. In jede passt genau eine Blumenzwiebel. Du könntest sie deinen Freundinnen schenken", schlug Jaquelines Tante vor.

Jaqueline setzte vorsichtig eine Zwiebel in jede Vase, sodass die Unterseite der Zwiebel kaum das Wasser berührte. Anschließend reihte sie die Vasen auf der Fensterbank auf. Es dauerte nicht lange, da zeigten die Zwiebeln erste grüne Spitzen, gefolgt von schmalen Blättern. Nach einigen Wochen erschienen winzige Blütenstängel.

Bei jeder Hyazinthenzwiebel, die zu blühen begann, fragte Jaqueline Gott, wer diese Blume bekommen sollte. Dann schrieb sie einen Zettel mit einem Bibelvers und drei Dingen, die sie an dieser Freundin bewunderte, band ihn um die Vase und verschenkte sie.

Es ist schön, unsere Freunde mit einem Geschenk glücklich zu machen, stimmt's? Weißt du, dass auch Gott Geschenke macht? Jakobus sagt uns, dass alle guten Dinge in unserem Leben Geschenke von Gott sind. Ist das nicht ein wunderbarer Gedanke?

Zum Nachdenken

- Welche selbst gemachten Geschenke hast du schon von Freundinnen bekommen?
- Mach dir eine Ideenliste mit Bastel- oder Kunstprojekten, die du zum Verschenken herstellen könntest. Welches Material brauchst du dazu? Benötigst du Hilfe von einem Erwachsenen?

CHALLENGE FÜR DICH

Kaufe im Herbst Blumenzwiebeln und bringe sie im Winter zum Blühen, um sie zu verschenken. Oder überlege dir ein anderes Bastelprojekt als Geschenkidee.

FREUNDSCHAFT IN AKTION

So bringst du Zwiebeln zum Blühen: Kauf im Herbst eine Packung Hyazinthen-, Narzissen- oder Tulpenzwiebeln und lege sie bis Dezember oder Januar in den Kühlschrank oder an einen anderen dunklen, kühlen Ort. Fülle Vasen oder Gläser zur Hälfte mit hübschen Steinen oder Murmeln. Fülle so viel Wasser ein, dass die obere Schicht Steine/Murmeln trocken bleibt. Drücke deine Zwiebel so in die Steine/Murmeln, dass sie das Wasser nicht berühren. Stelle die Vasen dann an ein sonniges Fenster und achte darauf, dass das Wasser die Unterseite der Zwiebeln nicht berührt. Du darfst davon ausgehen, dass deine Zwiebeln innerhalb von vier bis sechs Wochen wurzeln, wachsen und schließlich blühen! Wenn das gelungen ist, verschenke deine blühenden Vasen an Freundinnen und lege ein persönliches Kärtchen dazu.

37

Umgang mit Unfreundlichkeiten

Kristin

Doch wenn ihr bereit seid, wirklich zu hören, dann sage ich euch: Liebt eure Feinde. Tut denen Gutes, die euch hassen.

Lukas 6,27

„Nein, nein, bestimmt nicht Tabea!", sagte Kerstin spöttisch zu dem Mädchen, das neben ihr stand. „Sie ist doch eine Perfektionistin!"

Auf der anderen Seite der Umkleidekabine erstarrte Tabea. Sie hatte sich nach dem Sportunterricht wieder umgezogen und wollte gerade gehen. Aber als Kerstins Worte durch den Raum hallten, blieb sie wie angewurzelt stehen. Ihr Herz raste.

An Kerstins Tonfall erkannte Tabea, dass das kein Kompliment sein sollte. Die Gespräche im Raum verstummten, und die anderen Mädchen schauten zu Tabea hinüber, aber ihr fielen einfach keine Worte ein. Die Sekunden fühlten sich wie Stunden an. Endlich machte Kerstin eine abfällige Handbewegung und verließ lachend mit ihrer Freundin den Raum.

Die Gespräche begannen wieder, doch Tabea blieb total aufgewühlt. Kerstin und sie waren nicht unbedingt Freundinnen, aber sie waren auch keine Feinde. Tabea gab sich immer Mühe, nett zu allen anderen zu sein. Kerstins unerwartete Worte fühlten sich an wie ein Schlag in die Magengrube. Doch als sie sich wieder aufrichtete und den Raum verließ, um zur nächsten Schulstunde zu gehen, fiel ihr ein Spruch ihres Vaters ein. Den sagte er immer, wenn andere Leute etwas Unverständliches taten: *Man weiß nie, was sie zu Hause gerade durchmachen.*

Manchmal verletzen Menschen jemanden, weil sie selbst mit etwas nicht klarkommen oder weil sie leiden. Tatsächlich liegt es meist nicht an dir, dass jemand etwas Unfreundliches tut oder sagt. Es liegt an seinem eigenen Inneren.

Die Bibel sagt uns, dass wir unsere Feinde lieben sollen. Genau wie Tabea fühlen wir uns angegriffen, wenn wir es am wenigsten erwarten.

Wie sollten wir als Christen darauf reagieren? Ein erster Schritt ist, uns bewusst zu machen, dass die Handlungen dieser Person aus uns unbekannten Gründen passieren. Außerdem können wir auf unsere Reaktionen aufpassen. Wenn wir mit einer Situation konfrontiert werden, in der jemand sehr unfreundlich ist, sollen wir unsere Worte oder unser Schweigen klug einsetzen, um sogar unseren Feinden Liebe zu zeigen.

Zum Nachdenken

- **Warum, glaubst du, erwähnt Tabeas Vater immer, dass das Familienleben oder die Lebensumstände von jemandem der Grund für unfreundliche Worte oder Handlungen sein können?**

- **Zwar können wir nicht bestimmen, wie sich jemand uns gegenüber verhält, aber wir können bestimmen, wie wir selbst darauf reagieren. Schreibe verschiedene Ideen auf, wie du reagieren könntest, wenn jemand etwas Unfreundliches sagt.**

CHALLENGE FÜR DICH

Wenn jemand heute etwas Unfreundliches zu dir sagt, weise den anderen deutlich auf sein Verhalten hin oder ignoriere es oder reagiere mit einem schlagfertigen Satz, anstatt selbst mit gemeinen Worten zurückzuschießen.

38

Eine Challenge namens Freundlichkeit

Julie

Dem Großzügigen geht es gut und er ist zufrieden;
wer anderen hilft, dem wird selbst geholfen werden.
Sprüche 11,25

„Oh Mist!", rief Theresa, als sie in ihren Spind schaute, um ihre Brotdose für die Mittagspause herauszuholen. Sie hatte noch vor Augen, wie die Brotdose zu Hause auf dem Tisch im Flur stand. Dort hatte sie sie abgestellt, um ihre Schuhe anzuziehen.

„Was ist los?", fragte Elisabeth, nachdem sie ihren Spind wieder geschlossen hatte. „Warum guckst du so traurig? Wir haben jetzt Mittagspause, das Schönste am ganzen Schultag!"

„Meine Brotdose. Sie ist zu Hause und ich darf das heutige Schulmenü nicht essen wegen meiner Eier- und Weizenallergie." Theresa stiegen die Tränen in die Augen, als ihr klar wurde, dass sie nichts zu essen hatte, aber noch ein langer Schulnachmittag vor ihr lag.

Da legte Elisabeth ihr einen Arm um die Schultern. „Wir kriegen dich versorgt. Wir teilen einfach mit dir. Komm mit."

Elisabeth ist ein verantwortungsvolles Mädchen. Auf ihren Vorschlag hin kramten Teresas Freundinnen in ihren Brotdosen, um ei- und weizenfreie Sachen zu finden.

Bald hatte Theresa mehr als genug zu essen, denn alle Mädchen an ihrem Tisch boten ihr fröhlich Leckerbissen an, die sie essen konnte.

Ist es nicht krass, wie eine richtig blöde Situation durch pure Großzügigkeit auf den Kopf gestellt und verwandelt werden kann? Theresas schlechter Tag wurde durch Elisabeths Freundlichkeit und ihre Ansage an alle, sich gemeinsam um Theresa zu kümmern, völlig umgekehrt. Aus einer schrecklichen Lage wurde eine richtig schöne Erinnerung für alle Beteiligten. Aus der Bibel lernen wir Folgendes:

Wenn wir andere segnen (ihnen Gutes tun), werden auch wir oftmals dadurch gesegnet. Elisabeth und die Mädchen, die Theresa zu Hilfe kamen, hatten alle mehr als genug zu essen. Am Ende wurde jene Mittagspause eine der schönsten des Jahres.

Zum Nachdenken

- **Welche kleinen Freundlichkeiten hast du schon mal für eine Freundin/einen Freund getan, die bewirkt haben, dass du im Gegenzug gesegnet wurdest?**

- **Stelle einem vertrauenswürdigen Erwachsenen dieselbe Frage und tauscht euch über eure Erfahrungen aus.**

CHALLENGE FÜR DICH

Halte Ausschau nach Möglichkeiten, wie du deinen Freunden Gutes tun kannst, und schau im Rückblick dann, wie Gott dich daraufhin gesegnet hat.

FREUNDLICHKEIT IN AKTION

Such dir für diese Woche eine „freundliche Tat" aus:

- **Lass jemanden in der Warteschlange vor.**
- **Lächle jeden an, den du siehst.**
- **Hilf einer Freundin, der die Hausaufgaben schwerfallen.**
- **Mache drei Freundinnen/Freunden ein Kompliment.**
- **Sag einem Lehrer, dass du ihn gut findest und warum.**
- **Erzähle einer Freundin einen Witz.**
- **Lade jemanden beim Mittagessen an deinen Tisch ein.**

39

Gut mit Social Media umgehen

Kendra

Mit ihr [unserer Zunge] loben wir Gott, unseren Herrn und Vater; dann wieder verfluchen wir mit ihr andere Menschen, die doch als Ebenbilder Gottes geschaffen sind.

Jakobus 3,9

Als Lilli die Schule betrat, sah sie Schülergrüppchen flüstern und lachen, während sie vorbeiging.

„Lilli!“ Ihre Freundin Tara eilte auf sie zu, packte sie am Arm und zerrte sie an den Rand des Flurs. „Schau dir das mal an!“ Tara öffnete auf ihrem Handy eine beliebte Social-Media-Seite und zeigte einen Eintrag über Lilli, bei dem fiese Worte quer über das Foto geschrieben waren.

Lillis Gesicht glühte. Hatten ihre Freunde über das Bild gelacht?

Ein Kerl, den sie für einen guten Freund gehalten hatte, hatte das grausame Bild gepostet. Die Tränen liefen ihr über die Wangen. Lilli schrieb ihrer Mutter eine Nachricht, in der sie erzählte, was passiert war. Später am Tag holte die Mutter Lilli und ihren Bruder zum Mittagessen mit ihrem Vater ab.

„Weißt du was?“, sagte ihr Vater. „Ich würde deine Mutter nie so behandeln, weil ich ihre Gefühle nicht verletzen möchte. Wenn dich jemand beschimpft, behandelt er dich ohne Respekt.“ Nun vergewisserte der Vater sich, dass auch Lillis Bruder zuhörte, und sagte zu beiden: „Siehst du, wie traurig deine Schwester grad ist? Das, was du tust, sollte niemals dazu führen, dass sich ein Mensch so fühlt. Es ist unglaublich wichtig, wie wir einander behandeln!“

Lilli bekam nie eine Entschuldigung von dem Jungen, aber sie konnte das Erlebnis hinter sich lassen, und nahm sich fest vor, niemals einem anderen Menschen solchen Schmerz zufügen.

Wir können andere mit unseren Worten verfluchen oder segnen. Doch wenn wir uns klarmachen, dass jeder Mensch nach Gottes Bild geschaffen ist, ist folgender Leitsatz sehr hilfreich: *Erst denken, dann reden*. Und eine nützliche Kontrollfrage lautet: „Wie wäre es für mich, wenn jemand das über mich sagen würde?“ Sie kann uns davon abhalten, andere zu verletzen. Wir sollen Leute sein, die ihre Worte nutzen, um anderen Komplimente zu machen, sie zu ermutigen, für sie zu beten und um sich mit ihnen zu freuen.

Zum Nachdenken

- **Wann hast du in sozialen Netzwerken schon mal direkt unfreundliche Worte oder Reaktionen abbekommen? Wie bist du mit der Situation umgegangen?**

- **Kennst du jemanden, der online oder offline schlecht behandelt wird? Und wie könntest du diese Person unterstützen?**

CHALLENGE FÜR DICH

Such dir eine nahestehende Person aus der Familie oder der Schule aus – und baue sie durch ein Kompliment oder ein Wort der Ermutigung auf.

40

Halte die Augen offen

Julie

Behandelt die Menschen stets so, wie ihr von ihnen behandelt werden möchtet. Denn das ist die Botschaft des Gesetzes und der Propheten.

Matthäus 7,12 (Hfa)

„Mama! Mavie und ich haben fünf Fächer zusammen!", quietschte Lea und rannte in die Küche. Sie ließ ihre Schultasche auf den Boden fallen und umarmte ihre Mutter.

„Also hattest du einen schönen ersten Schultag an der weiterführenden Schule?", fragte Leas Mutter lachend.

Lea nickte. Ihre neue Schule war viel größer als ihre Grundschule. Sie hatte gebetet, wenigstens ein paar Freunde in ihrem Klassenlehrerkurs und in der Mittagspause bei sich zu haben. Darum übertraf es ihre Erwartungen bei Weitem, dass sie fünf von sieben Fächern mit Mavie zusammen hatte.

„Weißt du, Schatz", erinnerte die Mutter sie, „es ist wunderbar, dass du mit Mavie zusammen bist. Aber vergiss nicht, andere Mädchen mit reinzunehmen, besonders in der Mittagspause. Seid nicht so sehr davon vereinnahmt, zusammen glücklich zu sein, dass ihr andere ausschließt."

Sofort kamen Lea zwei Mädchen in den Sinn, die sie heute gesehen hatte. Beim bewussten Nachdenken fiel ihr auf, dass beide nervös und einsam ausgesehen hatten. „Danke, Mama", sagte sie. „Ich glaube, morgen ist ein guter Tag, um neue Freundinnen zu finden! Ich rufe Mavie an, um sie in meinen Plan einzuweihen."

Es ist immer spaßig, eine beste Freundin in der Klasse und bei Freizeitaktivitäten zu haben, aber es hat auch eine negative Seite. Sobald wir nur noch daran denken, mit unseren bisherigen Freunden abzuhängen, übersehen wir vielleicht, dass es noch andere Mädels gibt, die gerne dazugehören würden. Die Bibel erinnert uns daran, alle

Menschen um uns herum im Blick zu behalten, wir sollen sie so behandeln, wie wir selbst behandelt werden möchten, wenn die Rollen umgekehrt wären. Erlebst du den Segen einer besten Freundin, mit der du Zeit verbringen kannst? Dann halte trotzdem die Augen offen für Mitschülerinnen, die allein sind.

Zum Nachdenken

- **Ruf dir eine Zeit in Erinnerung, in der du keine Freundin hattest, beispielsweise in der Klasse, auf einem Camp, beim Sport oder in der Gemeinde. Wie hat es sich angefühlt, niemanden im Raum zu kennen?**

- **Denk an eine Situation, in der jemand dich mit in die Gruppe reingenommen hat. Was hat sie oder er gesagt? Wie hat sich das für dich angefühlt?**

CHALLENGE FÜR DICH

Wenn du das nächste Mal mit deiner Freundin an einer Aktivität teilnimmst oder in der Schule bist, vereinbart im Voraus, mindestens ein anderes Mädel in eure Gruppe aufzunehmen.

FREUNDSCHAFT IN AKTION

Lerne ein Lieblingszitat oder einen Bibelvers zum Thema Freundschaft auswendig. Hier sind einige Ideen für den Anfang: Prediger 4,9; 1. Korinther 10,24; Sprüche 17,17 und Johannes 15,12.

41

Vergiss das Gefühl nicht

Kristin

Behandle andere so, wie du von ihnen behandelt werden möchtest.

Lukas 6,31

Evas Hände zitterten, als sie den Namen ihrer Mutter auf ihrem Handy anklickte. Sobald ihre Mutter abnahm, sprudelten die Worte aus ihr heraus. „Mama, Pauline war heute total fies zu mir!" Eva begann zu weinen.

Ihre Mutter hörte zu. Eva erzählte, dass Paulina, nach der Schule eine Freundin eingeladen und deutlich signalisiert hatte, dass Eva nicht eingeladen war.

„Und dann hat sie mich in der Mittagspause und im Bus ignoriert", fuhr Eva fort. „Das tut so weh!"

Ihre Mutter zeigte viel Verständnis. „Freunde sollten nicht so miteinander umgehen. Ich weiß aus eigener Erfahrung, wie grausam es sich anfühlt, ausgeschlossen zu werden." Aber zum Schluss sagte sie noch etwas Unerwartetes. „Vergiss dieses Gefühl nicht! Speicher dir ein, wie du dich gerade fühlst und dass du niemandem je dieses Gefühl wünschst. Ich weiß ja, wie offen und liebevoll dein Herz gegenüber anderen Menschen ist. Trotzdem sollst du diesen Moment nicht vergessen, und alles dafür tun, mit deinen Taten niemandem dieses Gefühl zu geben."

Bei dem Bibelvers „Behandle andere so, wie du von ihnen behandelt werden möchtest" ist es leicht, die positiven Aspekte aufzuzählen, die wir in unseren Freundschaften üben möchten: Freundlichkeit, Liebe und Respekt. Genauso wichtig ist es jedoch, über die unfreundlichen Verhaltensweisen nachzudenken, die wir bereits in unseren Freundschaften erlebt haben. Wenn uns bewusst ist, wie wir *nicht* behandelt werden möchten, können wir freundlicher reden und handeln, ohne Schaden anzurichten. Die Erinnerung an negative Erlebnisse ermöglicht uns in unseren Freundschaften Mitgefühl für andere, die gerade etwas Ähnliches erleben. Als Evas Mutter sie aufforderte, sich den Schmerz zu merken, ging es nicht nur darum, dass Eva über ihre verletzten Gefühle nachdenken sollte, sondern darum, durch dieses Erlebnis zukünftig mitfühlend und freundlich zu anderen zu sein.

Zum Nachdenken

- **Was meinst du: Welche Erlebnisse mit Freunden solltest du dir gut einprägen?**
- **Wie können positive und negative Erfahrungen in Freundschaften uns helfen, in Zukunft besser zu reagieren?**

CHALLENGE FÜR DICH

Schreibe drei Dinge auf, die du durch Freundschaften gelernt hast – gute oder schlechte.

42

Du schaffst das!

Kendra

Deshalb sollt ihr einander Mut machen und einer den anderen stärken, wie ihr es auch schon tut.

1. Thessalonicher 5,11

„Ich bin so aufgeregt vor dem Auftritt!“, sagte Emma zu ihrer Mutter. Sie zuckte, als ihre Mutter ihr Haar zu einem festen Dutt zusammensteckte. Emma war neu in der Tanzgruppe, aber sie hatte unzählige Stunden damit verbracht, ihren Tanz zu perfektionieren. Heute war der große Wettbewerb.

„Du machst das bestimmt total gut, mein Schatz“, antwortete ihre Mutter und trug ein klein wenig Rouge auf Emmas Wangen auf. „Du bist fertig!“

In der Mehrzweckhalle zog Emma schnell ihr Kostüm an und ging dann mit ihrem Trainer und ihrem Team hinter die Bühne, um auf ihren Auftritt zu warten. Hinter dem dicken, schwarzen Vorhang konnte sie die anderen Gruppen bei ihrem Auftritt hören. Als sie sich zu ihrer Teamkollegin Celina umdrehte, fiel ihr auf, dass Celinas Augen groß und voller Angst waren.

„Was ist denn los?“, fragte Emma.

„Ich habe so Angst, dass ich es vermasseln werde!“, gestand Celina.

Emma nahm sofort Celinas Hand. „Du schaffst das!“, sagte sie zu ihr. „Wir halten doch alle zusammen.“

Celina nickte. Emma hielt ihre Hand so lange fest, bis sie an der Reihe waren. Als sie die Bühne betraten, drückte Emma Celinas Hand ein letztes Mal, bevor sie ihre Plätze einnahmen.

Wir alle sind mal aufgeregt oder ängstlich. Dann brauchen wir Freunde, die uns in solchen Momenten wahrnehmen und ermutigen. Solange wir unsere Augen offen halten und innerlich sensibel für die Menschen in unserem Umfeld bleiben, wird es uns genau wie Emma auffallen, wenn etwas nicht stimmt, auch ohne dass der andere etwas laut sagt. In der Bibel werden wir aufgefordert, uns einander aufzubauen. Wir sollen uns etwas einfallen lassen, wie wir die Stärken unserer Freunde hervorheben können, und sie aufmuntern, wenn sie unsicher sind. Genau das tun gute Freunde füreinander.

Zum Nachdenken

- **Hast du schon mal bemerkt, dass eine Freundin aufgeregt war oder Angst hatte? Was hast du getan oder gesagt, um ihr Mut zu machen?**

- **Wie hat dich jemand ermutigt, als du Angst hattest?**

CHALLENGE FÜR DICH

Halte Ausschau danach, ob heute vielleicht jemand Angst hat oder nervös ist, und schenke dieser Person aufbauende, unterstützende Worte.

FREUNDSCHAFT IN AKTION

Organisiere eine Talente-Show. Lade deine Freunde ein und fangt mit der Ideensuche an: kleine Theatersketche, Tänze oder Akrobatik, sportliche Challenges wie Radschlagen, Hula-Hoop, Karaoke-Singen oder eine Playback-Show ... Übt eure Beiträge allein oder in kleinen Gruppen und führt sie dann voreinander auf. Feuert euch gegenseitig an!
Vielleicht magst du diese Idee auch in deinem Teenkreis anregen?

43

Die Lügen entlarven

Julie

Wenn „der Teufel" etwas sagt, dann ist es Lüge, die aus seinem Inneren hervorkommt, denn er ist seinem Wesen nach ein Lügner und der Ursprung aller Falschheit.

Johannes 8,44b (DB)

„Ich habe beschlossen, doch nicht zum Casting der Theatergruppe zu gehen. Ich kann nicht so gut schauspielern wie Nele und kann nicht tanzen. Außerdem ist es ein Musical und ich klinge wie ein heiserer Elefant."

Rahel las sich Hannahs frühmorgendliche Nachricht auf ihrem Handy durch, während sie eine Waffel kaute. Es war klar, dass Hannah Panik schob. Das Casting fand heute nach der Schule statt.

Darum tippte Rahel schnell eine Antwort. „Das stimmt nicht! Ich habe dich tausendmal singen hören. Du hast eine tolle Stimme! Du kannst tanzen! Außerdem gibt es mehr als eine Rolle, und Nele kann nicht alle Rollen spielen."

Als Rahel Hannahs Nachricht noch einmal las, wurde sie wütend, dass ihre Freundin solche Lügen glaubte. In der Mittagspause nahm sie Hannah zur Seite. „Glaube nicht solche Lügen!", sagte sie liebevoll zu ihrer Freundin. „Scheinbar weißt du nicht mehr, wie gut du singen und tanzen kannst!" Rahels Worte brachten Hannah wieder in die Spur und gaben ihr die innere Freiheit, diese zerstörerischen Gedanken noch mal zu überdenken.

Solche Lügen sind schwer zu erkennen, wenn doch ein Körnchen Wahrheit darin versteckt ist. Diese fiesen Gedanken setzen sich an einem Punkt in unserem Leben fest, bei wem wir uns unsicher fühlen, und streuen uns ein Gemisch aus Wahrheit und Lüge ein. So halten wir uns davon ab, Dinge mutig anzugehen oder mal etwas Neues auszuprobieren, was nicht so leicht ist. Die negativen Gedanken machen, dass wir uns als Versagerinnen fühlen.

Manchmal schickt Gott uns eine Freundin, die uns die Wahrheit vor Augen führt, wenn wir den Lügen glauben. Genau diese Freundin war Rahel für Hannah. In anderen Momenten bittet Gott *uns*, einer Freundin die Wahrheit wieder bewusst zu machen.

Zum Nachdenken

- **Wie versuchen negative Gedanken dich zu beeinflussen? Kannst du ein Muster in den Lügen erkennen, die du dir selbst einredest?**

- **Frage einen Erwachsenen, der dich gernhat, wie er mit solchen negativen Gedanken und Lügen über sich selbst umgeht.**

CHALLENGE FÜR DICH

Frage Gott, ob es in deinem Leben eine Person gibt, die einen solchen Mischmasch aus Wahrheit und Lüge glaubt. Lade diese Person zu einem gemütlichen Nachmittag ein und rede ausführlich mit ihr.

44

Jemanden einladen

Kristin

Seid nicht selbstsüchtig; strebt nicht danach, einen guten Eindruck auf andere zu machen, sondern seid bescheiden und achtet die anderen höher als euch selbst.

Philipper 2,3

„Möchte Lene vielleicht auch mitkommen?“, fragte Sina ihre Freundin Elena. „Sie soll sich nicht ausgeschlossen fühlen und hat doch selbst heute niemanden, der mit ihr spielt.“

Die beiden Mädchen hatten an dem schönen Sommertag den ganzen Vormittag bei Elena verbracht und wollten nun am Nachmittag mit dem Fahrrad zu Sinas Zuhause fahren. Gerade suchten sie in der Garderobe nach Elenas buntem Fahrradhelm, als Sina fragte, ob Elenas kleine Schwester Lene vielleicht mitkommen wolle.

„Bestimmt!“, nickte Elena. Sie schloss die Schnalle ihres Helms und rief die Treppe hinauf: „Lene, willst du mit zu Sina kommen?“

„Ja! Wartet noch kurz!“, antwortete Lene freudig. Sie stürmte mit lautem Getrampel die Treppe hinunter, schlüpfte rasch in ihre Sandalen und stand dann vor den beiden älteren Mädchen.

Kannst du dir vorstellen, wie sehr Jesus sich über die beiden großen Mädels gefreut hat, die die kleine Schwester mitnahmen? Der Philipperbrief fordert uns auf, selbstlos zu sein und an die Bedürfnisse der anderen zu denken, anstatt nur an uns selbst zu denken oder Eindruck machen zu wollen. Sina und Elena hätten Lene nicht mitnehmen *müssen*. Da Lene gerade oben war, hätten sie sich leicht aus dem Haus schleichen können, ohne dass jemand etwas bemerkt hätte. Sie wollten jedoch aus tiefstem Herzen freundlich und nett sein. Ihr Verhalten zeigt: Wenn in unseren Freundschaften echte Liebe und Fürsorge sichtbar wird, spiegelt das unseren Charakter wider. Sobald wir nach dem Vorbild von Jesus Liebe und Mitgefühl zeigen, dann ist das auch für diejenigen offensichtlich, die zuhören und von außen zusehen.

Zum Nachdenken

- Ruf dir eine Situation in Erinnerung, in der du auf unerwartete Weise in eine Freundschaft oder Gruppe mit hineingenommen wurdest. Wie hat sich das angefühlt?

- Auf welche Weise könntest du jemanden mit in deine Aktivitäten einbeziehen, der sonst nicht zu deinem Freundeskreis gehört?

CHALLENGE FÜR DICH

Wenn du das nächste Mal mit einer Freundin Zeit verbringst, fragt bewusst jemanden (z. B. ein älteres oder jüngeres Geschwisterkind oder ein Nachbarskind), ob er oder sie auch mitspielen möchte.

FREUNDSCHAFT IN AKTION

Mach eine Liste mit zehn lustigen Aktionen, die du mit jüngeren Nachbarskindern, Cousins oder Cousinen, Geschwistern, Kindern aus der Gemeinde oder von Freunden deiner Eltern unternehmen könntest. Hier ein paar Ideen: mit Straßenkreide lustige Bilder auf den Bürgersteig malen, Fangen spielen, ein Lager bauen, Fahrrad fahren, eine Schnitzeljagd machen (von dir vorbereitet), mit Puppen oder Lego spielen ... Lass das Kind etwas von deiner Liste aussuchen und macht das dann gemeinsam.

45

Aufbauen statt runtermachen

Kendra

Freundliche Worte schenken Leben;
eine betrügerische Zunge aber zerstört den Geist.

Sprüche 15,4

„Deine Schuhe sind echt schön", sagte Romy im Vorbeigehen zu einem Mädchen, als sie mit ihrer Freundin Sabrina den Schulflur entlangging.

„Danke!", antwortete das Mädchen mit einem Lächeln.

Sabrina und Romy lächelten zurück.

„Ich habe mir vorgenommen, mehr nette Sachen zu anderen zu sagen, wenn ich etwas Hübsches wahrnehme", erklärte Romy, während sie ins Klassenzimmer gingen.

„Wow, super Idee", erwiderte Sabrina. Ihr war bereits aufgefallen, dass Romy anderen Mädels in letzter Zeit öfter ehrliche Komplimente machte, mal zu einer Eigenschaft der Person, mal über eine nette Tat oder einfach mal über hübsche Klamotten. *Das will ich auch tun*, beschloss Sabrina.

Freundliche Worte über andere zu sagen, ist eine tolle Angewohnheit. Wir können sie an allen Personen einüben, mit denen wir täglich in Kontakt kommen. Es ist ganz wunderbar, wenn Mädchen ihre Energie investieren, um sich gegenseitig aufzubauen, anstatt einander runterzumachen.

Runtermachen bedeutet, dass jemand entmutigt oder innerlich verletzt wird. Mit fiesen Worten, die den Geist kaputt machen, wird nicht nur dem Opfer Schaden zugefügt, sondern auch der Person, die solche Worte in Eile oder Wut ausspricht. In der Regel fühlen wir uns am Ende schlechter, wenn wir wütende oder gemeine Worte zueinander gesagt haben. Aber auch das Gegenteil ist der Fall.

Aufbauen bedeutet, dass jemand seinen Mitmenschen ermutigende Worte schenkt. Dabei benutzen wir liebevolle Worte, die nicht nur demjenigen guttun, der sie hört, sondern auch der Person, die sie ausspricht. Oft fühlen wir uns selbst besser, wenn wir jemanden ermutigen oder ein ehrliches Kompliment machen. Es ist immer besser, wenn wir unsere Worte sorgfältig aussuchen.

Zum Nachdenken

- **Wer in deinem Freundeskreis kann andere richtig gut aufbauen, anstatt sie runterzumachen? Wie kannst du dich von diesem Vorbild mitziehen lassen?**

- **Wen kennst du, der eine kleine Aufmunterung gebrauchen könnte?**

CHALLENGE FÜR DICH

Halte heute nach jemandem Ausschau, den du ermutigen könntest.

46

Gebet: die Verbindung zu Jesus

Julie

Bleibt ganz eng mit mir verbunden, so wie ich ja auch in euch bleibe! Eine Weinrebe kann aus sich selbst heraus keine Trauben hervorbringen. Das geht nur, wenn sie mit dem Weinstock verbunden bleibt. So ist es auch bei euch: Ihr könnt nur dann etwas bewirken, wenn ihr fest mit mir verbunden seid.

Johannes 15,4 (DB)

Aufgeregt öffnete Amelie den Brief der Schulleitung und war zuversichtlich, dass eine gute Nachricht darin steckte. Wegen ihres Berufswunschs „Chirurgin" hatte sie sich für den naturwissenschaftlichen Zusatzkurs an ihrer Schule beworben und wartete auf Antwort. Doch schon beim ersten Überfliegen des Briefes krampfte sich ihr Herz vor Verzweiflung zusammen. Tränen stiegen ihr in die Augen. Sie war nicht angenommen worden.

Wie reagieren wir, wenn unser auf der Grundlage unserer Fähigkeiten aufgebautes Selbstbild einfach weggerissen wird? In solchen Momenten müssen wir aufpassen, dass wir unsere Fähigkeiten nicht mit unserem Wert als Person verwechseln. Jesus bietet uns an, unsere Identität in ihm zu finden. Identität bedeutet, wer wir wirklich sind, nicht, was wir tun. Sobald wir diesen Unterschied begreifen, erkennen wir, dass wir in erster Linie Jesusfreunde sind, die dann zufällig auch noch Leseratten, Sportler oder Musiker sind. Wenn wir es dann nicht in den Zusatzkurs oder die Sportmannschaft schaffen, macht uns das traurig, aber es beschädigt nicht unser Selbstwertgefühl.

Stell dir vor: Jesus möchte derjenige sein, an den wir uns in traurigen Momenten zuallererst wenden! Er wird unser bester Freund, wenn wir ihn darum bitten. Wir dürfen ihn um Rat bitten, mit ihm reden, wenn wir todtraurig sind. Er ist der Freund, der uns nie enttäuscht und der an unserer Seite steht, wenn das Leben ungeplante Wendungen nimmt.

Doch wie entsteht eine so gute Freundschaft mit Jesus? Indem wir ganz eng mit ihm verbunden sind, wie eine Rebe mit dem Weinstock. Wir reden mit ihm, lesen in der Bibel, folgen ihm nach. Und wir danken ihm dafür, dass er sich um uns kümmert und wir ihm vertrauen können.

Zum Nachdenken

- **An welchen Stellen verwechselst du manchmal deine Fähigkeiten mit deiner Identität als Person?**

- **Wie kannst du anfangen, dich auf Jesus zu verlassen wie auf einen besten Freund?**

CHALLENGE FÜR DICH

Bitte Jesus, dein bester Freund zu werden, und beginne damit, täglich fünf Minuten Tagebuch zu schreiben. Schreibe auf, wofür du alles dankbar bist und wofür du betest.

FREUNDSCHAFT IN AKTION

Mach dir dein eigenes Gebetstagebuch! Nimm ein Notizbuch und suche dann Aufkleber, wasserfeste Filzstifte, bunte Papiere, Washitape und andere kreative Materialien zusammen. Schreibe deinen Lieblingsbibelvers auf den Einband. Wenn du magst, füge auch ein paar Blumen, Muster oder Schnörkel hinzu. Schreibe nun jeden Tag in dein Buch, was du Jesus sagen möchtest, deine Wünsche, Träume, Sorgen und Sehnsüchte.

47

Freundschaften neu bewerten

Kristin

Der Vernünftige prüft alles, bevor er handelt.

Sprüche 14,15 (Hfa)

Es dauerte eine Weile, bis Isabel echte, dauerhafte Freundschaft fand. Zuerst war sie mit Mira befreundet, aber Mira hatte immer irgendwelche komplizierten Geschichten mit Jungs, außerdem waren ihre Einstellungen und Worte oft negativ. Dann lernte Isabel Ruby kennen, die einen viel positiveren Eindruck machte. Doch schon nach wenigen Monaten reagierte Ruby eifersüchtig, sobald Isabel Zeit mit anderen Leuten verbrachte.

„Ich weiß nicht, was ich machen soll“, stöhnte sie eines Tages nach der Schule, als ihre Oma bei ihr war. „Ich will nicht allein sein, aber ich will auch nicht ständig in Probleme und Eifersüchteleien reingezogen werden.“

„Ja, gute Freunde sind schwer zu finden“, antwortete ihre Oma. „Bleib einfach freundlich und halte nach einem Mädchen Ausschau, das eine richtig gute Freundin sein könnte. So etwas braucht manchmal Zeit.“

Also blieb Isabel freundlich zu Mira und Ruby, nahm sich jedoch vor, auch für andere Freundschaften offen zu sein. Als sie Emily kennenlernte, fand sie eine wahre Freundin. Emily war fröhlich und ihr Glaube an Gott verstärkte auch Isabels Glauben. Wenn sie zusammen waren, konnten sie stundenlang lachen und albern sein. Im Gegensatz zu den negativen Themen bei Mira und Ruby hatte Isabel mit Emily eine positive Beziehung. Sie blieb zwar freundlich zu den anderen Mädchen, doch ihre Freundschaft mit ihnen nahm allmählich ab. Ihre Freundschaft mit Emily hingegen wurde stärker.

Wenn wir neue Freunde finden, haben wir manchmal das Gefühl, anderen Freunden untreu zu sein. Doch das Buch Sprüche in der Bibel fordert uns auf, sorgfältige Entscheidungen zu treffen. Das gilt natürlich für wichtige Entscheidungen wie die Berufswahl oder mit wem wir befreundet sein wollen. Aber genauso wichtig ist es, auch bei den kleinen Dingen vernünftig zu sein. Unsere Freunde haben einen großen Einfluss darauf, wie wir Situationen und andere Menschen betrachten, wie wir uns in der Schule oder bei Aktivitäten fühlen, und sogar darauf, wie wir auf Gott reagieren. Wir dürfen ruhig nachdenken und Gott fragen, ob eine Freundschaft, die sich früher gut anfühlte, eigentlich noch passt. Manche Freundschaften halten vielleicht nur ein Jahr, andere ein Leben lang.

Zum Nachdenken

- **Was bedeutet es deiner Meinung nach, in Freundschaften klug und vernünftig zu sein? Warum ist es so wichtig, bei Freundschaften genauso wachsam zu sein wie in anderen Lebensbereichen?**

- **Hast du dich schon mal aus einer Freundschaft zurückgezogen, weil sie nicht mehr passte oder weil ihr unterschiedliche Wege eingeschlagen habt? Welche neuen Freunde hat Gott in dein Leben gestellt?**

CHALLENGE FÜR DICH

Schreibe auf, wer deine fünf engsten Freundinnen sind. Notiere anschließend zu jeder von ihnen drei Eigenschaften, die typisch für sie sind. Überlege dann, ob diese Eigenschaften eher positiv oder eher negativ sind.

48

Traurigkeit und Gefühlschaos

Kendra

Kommt alle her zu mir, die ihr müde seid und schwere Lasten tragt, ich will euch Ruhe schenken.

Matthäus 11,28

„Das geht jetzt schon seit Monaten so“, sagte Mia. „Ich weiß nicht, warum ich die ganze Zeit so traurig bin.“

Mias Lehrerin Frau Strauß nickte verständnisvoll. „Ich hatte auch eine Zeit in meinem Leben, in der ich traurig war.“ Sie fuhr fort und erklärte: „Was du gerade erlebst, Mia, ist normal. Viele Menschen haben Phasen der Niedergeschlagenheit oder sogar Depressionen.“

Nach dem Gespräch sagte Frau Strauß, dass sie Mias Mutter anrufen wolle, um kurz von ihrem Gespräch zu berichten. Mia war einverstanden.

Als Mia an diesem Tag nach Hause kam, setzte sie sich zusammen mit ihrer Mutter aufs Bett. Noch einmal erzählte Mia von der Traurigkeit, die sie in letzter Zeit spürte.

„Ich glaube, es würde dir guttun, mal mit einem Experten darüber zu sprechen“, sagte die Mutter und nahm Mia fest in den Arm.

Die Schule vermittelte Mia eine Beraterin, mit der sie sich über mehrere Monate hinweg wöchentlich traf. Durch diese Gespräche konnte Mia Stück für Stück ihre Gedanken und Gefühle benennen und sortieren. Die Beraterin begleitete sie so lange, bis sich das Leben für Mia wieder besser anfühlte.

Manchmal schämen wir uns, wenn wir eine Zeit lang sehr traurig oder niedergeschlagen sind, aber das ist kein Grund für ein schlechtes Gewissen! In solchen Momenten sollten wir uns an einen vertrauenswürdigen Erwachsenen wenden und ehrlich erzählen, was wir gerade durchmachen. Und stell dir vor: In solchen Gesprächen werden wir feststellen, dass wir nicht allein sind. Gott schenkt uns andere Menschen und sich selbst als Begleitung durch das Leben, besonders durch dunkle und schwere Zeiten. Niemand von uns muss das Leben ganz allein meistern. Jesus sagt, dass wir zu ihm kommen dürfen, wenn wir erschöpft und belastet sind. Er möchte uns Ruhe schenken und ein Ort für uns sein, an dem wir auftanken und neue Kraft schöpfen können. Er will immer für uns da sein, egal, ob wir gerade glücklich oder traurig sind.

Zum Nachdenken

- **Wann hattest du mal eine Phase der Traurigkeit? Was hat dir geholfen, dich wieder besser zu fühlen?**
- **Schreibe auf, mit welchen Erwachsenen du reden könntest, wenn du jemals wieder tiefe Traurigkeit erlebst.**

CHALLENGE FÜR DICH

Überlege dir, wer in deinem Freundeskreis gerade traurig oder niedergeschlagen ist und wie du sie oder ihn aufbauen könntest.

FREUNDSCHAFT IN AKTION

Laufe mit einer Freundin über den Schulhof oder durch dein Wohngebiet und schreibt mit Straßenkreide ermutigende Sprüche für andere Leute auf den Boden, zum Beispiel …

- Du bist geliebt!
- Gib nicht auf!
- Gott hält dich.
- Schenk der Welt ein Lächeln.

49

Nein heißt Nein

Julie

Da Gott euch erwählt hat, zu seinen Heiligen und Geliebten zu gehören, seid voll Mitleid und Erbarmen, Freundlichkeit, Demut, Sanftheit und Geduld.

Kolosser 3,12

„Larissa Caroline, kannst du bitte mal herkommen?“

Ganz offensichtlich war Larissa Mutter sauer. Sie benutzte den zweiten Namen nur, wenn es Ärger gab. Als sie ins Wohnzimmer ging und sah, wie ihre Mutter Textnachrichten durchlas, wusste sie, warum.

Als gestern Larissas Freundin Karla zum Übernachten da gewesen war, hatten sie lustige Videonachrichten an ihre Freundin Isabella geschickt. „Hört bitte auf“, hatte Isabella immer wieder geschrieben. Sie war auf einer Familienfeier und wollte nicht, dass ihr Handy ständig summte.

Larissa wurde es mulmig zumute. Karla und sie hatten total viele Nachrichten und Videos verschickt und sogar geschrieben, dass sie Isabella zuspammen wollten. Sie hatten Spaß gehabt, zumindest Karla und Larissa.

„Schatz, ich weiß, dass ihr euch gestern Abend lustig und albern gefühlt habt. Aber verstehst du, wie unfreundlich es Isabella gegenüber war? Sie hat euch mehrfach gebeten aufzuhören, und ihr habt trotzdem weitergemacht. Erinnerst du dich an unsere Gespräche darüber, dass ein Nein wirklich Nein bedeutet?“

Als Larissa den Chat noch einmal nachlas, wurde ihr klar, warum Isabellas Wut immer größer geworden war, weil Karla und sie nicht aufhörten. Larissa bekam ein sehr schlechtes Gewissen. Sie hatte einen Fehler gemacht und musste sich nun bei Isabella entschuldigen.

Es passiert uns allen mal: Wir hören nicht auf, obwohl jemand anders Nein sagt. Vor allem, wenn wir die Situation lustig finden, ignorieren wir einfach die Bitte des anderen. Das Problem ist, dass wir nicht ins Innerste der anderen Person blicken können, um zu erkennen, wie unsere Worte oder Handlungen auf sie wirken. Wenn uns also jemand bittet aufzuhören, müssen wir diese Bitte ernst nehmen. Weil wir zu Jesus gehören, erwartet er von uns, dass wir freundlich, demütig, liebevoll und geduldig zu den Menschen in unserem Umfeld sind. Das Nein einer anderen Person zu respektieren, ist ein wichtiger Bestandteil eines Lebens, das Jesus gefällt.

Zum Nachdenken

- **Wie fühlst du dich, wenn jemand dein Nein ignoriert?**
- **Wessen Nein ignorierst du manchmal? Das deiner Geschwister? Deiner Freunde? Was passiert, wenn du nicht aufhörst?**

CHALLENGE FÜR DICH

Wenn jemand Nein sagt, hör auf. Wenn du nicht sicher bist, warum du aufhören sollst, frag freundlich nach, um zu verstehen, was die Person gerade ärgert.

50

Nachbarn und Freunde

Kristin

Denn das ganze Gesetz lässt sich in dem einen Wort zusammenfassen: „Liebe deinen Nächsten wie dich selbst."

Galater 5,14

„Wie wär's, wenn wir einen Filmabend für die Nachbarschaft veranstalten?", schlug Nadjas Vater vor.

Nadja horchte auf. Sie lebt mit ihrer Familie in Norwegen, wo sich die kalten, verschneiten Monate endlos lang anfühlen. Wenn dann endlich der Frühling durchbricht, kommen die Nachbarn, die man monatelang kaum gesehen hat, nach draußen, um Blumen zu pflanzen.

„Wir laden alle Nachbarn für nächsten Samstag ein", fuhr Nadjas Vater fort und freute sich selbst immer mehr über seine Idee.

Nadja war ganz aufgeregt. Schnell rannte sie zum Nachbarhaus hinüber zu Wiebke, um ihr die Neuigkeit zu erzählen. „Hi. Wir machen einen Kinoabend! Kannst du kommen?", sprudelte es aus Nadja heraus.

Am folgenden Samstag baute Nadjas Vater eine riesige Leinwand auf der Straße zwischen ihrem und Wiebkes Haus auf. Als die Sonne langsam unterging, stellten immer mehr Kinder und Erwachsene aus der Nachbarschaft Gartenstühle auf und brachten Popcorn, Schokolade und Limo mit.

In der Bibel werden wir an mehreren Stellen aufgefordert, unseren Nächsten genauso zu lieben wie uns selbst. Mit dem „Nächsten" kann der Banknachbar in der Schule gemeint sein oder die Person, die uns im Bus gegenübersitzt, aber es können genauso unsere Nachbarn sein. Es gibt unzählige Möglichkeiten, ihnen Liebe zu zeigen, beispielsweise sie einzuladen oder auf ihre Haustiere aufzupassen oder einfach ein freundliches Wort zu sagen, wenn wir ihnen über den Weg laufen. Durch positive Beziehungen in unserer Nachbarschaft, zu unseren Nächsten, können wir Jesu Liebe zeigen und neue Freunde gewinnen.

Zum Nachdenken

- Hast du Nachbarn, die Freunde sind?
- Wer in deiner Nachbarschaft braucht vielleicht einen Freund?

CHALLENGE FÜR DICH

Erstelle eine Liste mit schönen Ideen, wie du (gemeinsam mit deiner Familie) für eure Nachbarn zum Segen werden kannst.

FREUNDSCHAFT IN AKTION

Zeichne die Straßen deiner Nachbarschaft auf ein Blatt und beschrifte die Häuser mit den Namen, wenn du sie weißt. Überleg dir nun eine freundliche Tat, durch die du mit jedem Nachbarn in Kontakt treten könntest. Lerne ihre Namen, wenn du sie noch nicht kennst. Hier sind einige Ideen:

- Male mit deinen Freundinnen Steine an und verteile sie an hübschen Stellen in eurem Wohngebiet oder im Vorgarten einer anderen Familie.
- Besorg dir von deinen Eltern eine Mülltüte und ein Paar Schutzhandschuhe. Geh mit Freunden eine Runde durch euer Wohngebiet, sammelt herumliegenden Müll auf und entsorgt ihn.
- Ladet eure Nachbarn zu einem Lagerfeuer oder einer Grillparty mit der ganzen Familie ein.
- Veranstaltet ein Nachbarschaftsspiel, ein Straßenfest oder einen Filmabend.
- Stellt zu Ostern, zum Nikolaus oder zu Weihnachten kleine Überraschungen vor die Haustüren.

51
Gott tröstet

Kendra

Denn der Geist, den Gott uns gegeben hat, macht uns nicht zaghaft, sondern er erfüllt uns mit Kraft, Liebe und Besonnenheit.

2. Timotheus 1,7 (Hfa)

Als Naomi klein war, hatte sie große Angst im Dunkeln und bekam oft Albträume. Immer wenn sie nachts voller Angst aufwachte, nahm sie all ihren Mut zusammen, verließ ihr warmes Bett und lief zum Elternschlafzimmer, wo sie Trost und Sicherheit fand.

„Papa, kannst du für mich beten?", flüsterte sie dann, während ihre Tränen auf die Matratze tropften.

„Natürlich, Schatz", antwortete er und nahm sie in den Arm.

Ihr Vater konnte diese Angst wunderbar wegnehmen. Er begleitete sie zurück in ihr Zimmer und deckte sie gut zu. Dabei segnete er sie immer mit demselben Bibelvers und machte Naomi bewusst, dass Gott ihr nicht einen ängstlichen Geist gegeben hat, sondern einen Geist der Kraft, Liebe und Gelassenheit. Er versicherte ihr, dass Gott ihr Beschützer und Freund ist. Dass sie sich auf Gott verlassen kann und Jesus immer für sie da ist.

Im Laufe der Jahre begann Naomi selbst den Vers zu sprechen, mit dem ihr Vater sie immer gesegnet hatte. Jedes Mal, wenn sie Angst hatte, zum Beispiel bei Referaten in der Schule oder einem Vorsprechen der Theatergruppe, erinnerte sie sich an die Wahrheit von Gottes Liebe und Kraft in ihrem Leben und ihrem Herzen. Naomi fing an, Gott als Freund zu betrachten, denn sie konnte eigenständig zu ihm kommen, auch wenn ihre Eltern gerade nicht da waren. Sie war voller Gewissheit, dass er für sie da ist und denselben Trost und Sicherheit schenkt, die sie zuerst von ihrem Vater erfahren hatte.

Vielleicht ist es ein ungewohnter, neuer Gedanke, dass Gott unser Freund sein will, aber er stimmt! Gott ist ein Tröster, der uns mitten in Angst oder Unsicherheit mit seiner Liebe und seiner Kraft begegnet, sodass wir Situationen meistern können. Gott wünscht sich, dass wir bei allem, was wir erleben, zu ihm kommen, und er möchte uns seinen Frieden schenken.

Zum Nachdenken

- **Hast du schon einmal darüber nachgedacht, dass Gott dein Freund sein will? Wie hast du seine Freundschaft zu dir bisher wahrgenommen?**

- **Wendest du dich an Gott, wenn du Trost und Mut brauchst? Warum bzw. warum nicht?**

CHALLENGE FÜR DICH

Danke Gott für all die Momente, in denen du ihn als deinen Freund erlebt hast.

52

Für andere beten

Julie

Sprecht Segen aus über die, die euch verfluchen! Betet für die, die euch mit Beleidigungen überhäufen!

Lukas 6,28 (DB)

„Ich glaube, Rosa möchte nicht mehr meine Freundin sein. Und ich hab auch keine Lust mehr, mir mit ihr Mühe zu geben“, schimpfte Tina, als sie durch die Haustür kam.

„Ich wollte mir gerade einen heißen Kakao machen. Magst du auch einen und wir quatschen ein bisschen?“, bot Tinas Tante Anne an.

Während Tina an ihrem Kakao nippte, erzählte sie ihrer Tante, dass sich Rosa in letzter Zeit nur noch selten mit Tina treffen wollte, und wenn, dann war sie schlecht drauf.

Tante Anne setzte nachdenklich ihre Tasse ab. „Rosas Vater ist doch Soldat. Ist er nicht vor zwei Monaten zu einem einjährigen Einsatz aufgebrochen? Glaubst du, Rosas Verhalten könnte daran liegen, dass es ihr deswegen nicht so gut geht?“

„Darüber habe ich noch nie nachgedacht. Ich weiß, wie eng sie mit ihrem Vater ist. Möglicherweise vermisst sie ihn und lässt das auf unterschiedliche Weise raus? Vielleicht muss ich nachsichtiger mit ihr sein.“

Wie Tina fragen wir uns vielleicht manchmal auch, wie wir eine gute Freundin sein können, wenn jemand eine schwere Phase hat, vor allem, wenn diese Person uns dabei unfreundlich behandelt.

Erstens können wir die Situation aus der Sicht unserer Freundin betrachten. Vielleicht will sie lieber in Ruhe gelassen werden, wenn sie traurig ist. Wir dürfen nicht schlussfolgern, dass sie uns nicht mehr mag, nur weil sie sich nicht mehr treffen will.

Zweitens können wir nachsichtig mit ihr sein. Sobald eine Person gestresst, wütend, traurig oder verängstigt ist, reagiert sie schnell genervt oder verärgert. Es entschuldigt zwar solches Verhalten nicht, aber es hilft uns, es zu verstehen.

Drittens können wir beten. Jesus liebt alle Menschen und sagt ausdrücklich, dass wir auch für die beten sollen, die gemein zu uns sind. Weil Jesus weiß, dass verletzte Menschen dazu neigen, andere zu verletzen. Er sieht den Schmerz in ihrem Herzen, während wir nur ihr schwieriges Verhalten sehen.

Zum Nachdenken

- Gab es eine Zeit, in der du traurig oder wütend warst und deshalb deine Freunde unfreundlich behandelt hast?

- Ruf dir eine Situation in Erinnerung, in der eine Freundin dich aufgemuntert hat, als du schlecht drauf warst. Welche ihrer Worte oder Taten haben dir wirklich geholfen?

CHALLENGE FÜR DICH

Hast du eine Klassenkameradin oder Freundin, die in irgendeiner Weise Probleme hat und sich unfreundlich verhält? Bete einen Monat lang täglich für sie und finde Möglichkeiten, freundlich zu ihr zu sein.

FREUNDSCHAFT IN AKTION

Packe ein Freundschafts-Trost-Paket für eine Freundin, die krank ist oder gerade eine schwere Zeit durchmacht. Überleg dir ein paar Lieblingssachen dieser Freundin und fülle damit eine Geschenktüte oder ein Päckchen (es muss nicht teuer sein!): liebste Süßigkeit oder einen anderen Snack, Ermutigungskärtchen, ein Spiel, eine Zeitschrift, eine Blume oder etwas anderes, was sie gerne mag.

53

Schwierige Freundschaften

Kristin

Wer Gott gehorcht, sucht sich die richtigen Freunde; wer Gott missachtet, läuft in die Irre.

Sprüche 12,26

Sophie hatte einfach keine Erklärung, was in ihrer Freundschaft mit Emilia schiefgelaufen war. Sie stritten mittlerweile fast täglich wegen Kleinigkeiten. Für Sophie war es unerklärlich, weshalb ihre beste Freundin ihr plötzlich quer durch den Raum böse Blicke zuwarf, den Mitschülern einredete, sie sollten die Pause nicht mit ihr verbringen, und laut darüber nachdachte, warum Sophie so ein schrecklicher Mensch sei.

So gerne hätte Sophie sich mit Emilia versöhnt, aber Emilia schien von ihrer Wut nicht abrücken zu wollen. Die Vorstellung, dass ihre Freundschaft gescheitert war, konnte Sophie kaum ertragen, vor allem, weil sie keinen Grund sah, weshalb es so schlimm geworden war. Sosehr sie sich auch bemühte, eine Versöhnung mit Emilia gelang einfach nicht.

Etwas später nahm Sophies Lehrer Herr John sie zur Seite, um mit ihr über das Problem zu sprechen.

„Es sieht so aus, als hätten Emilia und du es in letzter Zeit schwer miteinander“, sagte Herr John.

Sophie nickte und verkniff sich eine Träne.

„Manchmal können Freundschaften giftig werden. Das heißt, je mehr man sich um diese Freundschaft bemüht, desto mehr wird man innerlich verletzt.“ Herr John machte eine kurze Pause, bevor er sanft fortfuhr: „Du solltest dich nicht verpflichtet fühlen, nur aus Loyalität mit Emilia befreundet zu bleiben.“

Zwar fand Sophie es traurig, diese Freundschaft zu verlieren, aber sie war auch erleichtert. Wenn du dich schon mal in einer solchen Situation befunden hast, darfst du dich genauso für einen Rückzug entscheiden. In der Bibel lesen wir, dass Gottes Freunde sorgfältig darüber nachdenken, mit wem sie befreundet sein möchten. Obwohl wir anderen verzeihen sollen, wenn sie uns verletzt haben, heißt das nicht, dass wir weiterhin zulassen müssen, von ihnen gekränkt zu werden.

Aus einer Freundschaft auszusteigen bedeutet nicht, dass du versagt hast. Manchmal ist es genau die richtige Entscheidung, sich daraus zurückzuziehen.

Zum Nachdenken

- **Hast du schon mal eine solche giftige Freundschaft erlebt (oder erlebst sie momentan)? Wie bist du mit der Situation umgegangen?**

- **Warst du selbst schon mal der giftige Faktor in einer Freundschaft? Welche Gewohnheiten oder Einstellungen müsstest du vielleicht ändern, damit du keine „Stacheln“ in deinen Freundschaften ausfährst?**

CHALLENGE FÜR DICH

Denk mal darüber nach, ob du eine Freundin hast, die in diesem Sinne „giftig“ ist. Unterhalte dich mit einem vertrauenswürdigen Erwachsenen über die Beziehungen, die dir möglicherweise schaden.

54

Du bist einmalig!

Kendra

So bildet ihr gemeinsam den Leib von Christus, und jeder Einzelne gehört als ein Teil dazu.

1. Korinther 12,27

„Auf geht's, Leute, wir spielen eine Runde Marco Polo!", rief Amelia, während sie auf die anderen Kinder im Pool zuging.

Tanja runzelte die Stirn und sah, wie alle fröhlich zustimmten und sich für das Spiel in Position brachten. Tanjas ältere Schwester Amelia war ein unglaublich kontaktfreudiger Mensch und fand überall, wo sie hinkam, leicht Freunde. Dagegen war Tanja ein eher schüchternes Mädchen, das meist nur eine oder zwei Freundinnen hatte, mit denen sie ihre Zeit verbrachte. In diesem Moment sah Tanja ein Mädchen, das allein am Beckenrand saß. Was hatten ihre Eltern immer gesagt? „Jede Art von Freundschaft ist wichtig und wird im Leben gebraucht. Sei der Mensch, den Gott sich ausgedacht hat. Das Wichtigste ist zu erkennen, welche Person gerade einen Freund sucht."

Tanja ging zu dem Mädchen hinüber. „Willst du auch mitspielen?", fragte sie. Das Mädchen nickte. Da nahm Tanja ihre Hand und ging mit ihr zu der größeren Gruppe.

Egal, wer wir sind und wie wir am liebsten Freundschaften schließen: Wir können auf unsere einmalige, persönliche Art und Weise immer Leute in unsere Freundeskreise mit hineinnehmen, sowohl in der Schule als auch in der Gemeinde oder unserem Wohnumfeld. Es spielt keine Rolle, ob wir kontaktfreudig sind wie Amelia und viele Freunde gleichzeitig finden oder ob wir eher introvertiert sind wie Tanja und mehr die Bedürfnisse einer einzelnen Person sehen. Gott benutzt jeden von uns, um anderen Menschen seine Freundlichkeit und Liebe zu zeigen!

Wir sind dazu bestimmt, uns gegenseitig zu ergänzen. Obwohl wir alle unterschiedlich sind, spielt doch keiner eine größere oder wichtigere Rolle als der andere. Jeder von uns ist ein Teil des Leibes Christi, einmalig ausgedacht und erschaffen. Hab keine Angst, mit dem Persönlichkeitsstil, den Gott dir geschenkt hat, aufzutreten. Wünsch dir nicht, so zu sein wie jemand anders in deinem Umfeld. Vielleicht bist du genau die Richtige für diese (Freundschafts-)Aufgabe!

Zum Nachdenken

- **Welche Persönlichkeit hast du? Bist du eher kontaktfreudig oder eher zurückhaltend?**
- **Auf welche Art und Weise schließt du am liebsten Freundschaften?**

CHALLENGE FÜR DICH

Setze deinen „Freundschaftsstil“, deine einmalige Persönlichkeit ein, um jemand Neues in ein Gespräch oder ein Spiel einzubeziehen.

FREUNDSCHAFT IN AKTION

STERNE BEOBACHTEN

Lade eine Freundin für einen Sommerabend ein, an dem es nicht bewölkt ist. Drucke eine Übersicht verschiedener Sternbilder aus. Stelle im Garten oder auf dem Balkon Liegestühle auf und versucht, so viele Sternbilder wie möglich zu entdecken. So einzigartig wie die Sterne am Himmel sind, so einzigartig seid auch ihr!

55

Zuwendung

Julie

Freundliche Worte sind wie Honig, süß für die Seele und gesund für den Körper.

Sprüche 16,24

„Herr, sei bei meiner Freundin. Heile ihren Körper und nimm ihren Schmerz. Sei ihr nahe und schenke ihr Frieden, während sie auf den Arzt wartet. Amen."

Paulinas Nachricht kam bei Kezia an, während diese gekrümmt in ihrem Krankenhausbett lag und versuchte, trotz Schmerzen ruhig zu atmen. Eine Stunde zuvor war sie in die Notaufnahme gekommen. Nun saß ihr Großvater an ihrem Bett, während sie gemeinsam auf den Arzt warteten. Sie vermuteten, dass es ihr Blinddarm war. Kezia las Paulinas geschriebenes Gebet immer wieder, bis ihre Tränen das Bild verschwimmen ließen.

Noch eine Nachricht: „Ich wäre so gern bei dir! Wie kann ich dir helfen?"

Wie kann ich dir helfen? Diese fünf einfachen Worte waren für Kezia in diesem Moment der Unsicherheit und Angst unfassbar wichtig. Vor ihrem Großvater biss sie die Zähne zusammen, weil er sich keine Sorgen machen sollte. Aber Paulinas Gebet und ihre Frage machten Kezia bewusst, dass sie von Gott, ihrer Familie und ihren Freunden geliebt wurde. So viele Menschen hüllten sie in Gebet und Liebe ein. Dieses Wissen half ihr, ruhig zu bleiben. Als Kezia einige Stunden später aus dem Krankenhaus entlassen wurde, der Blinddarm noch in ihrem Körper und in der Hand einige Medikamente, die sicher helfen würden, blieben Paulinas Worte tief in ihr.

Es ist traurig mitanzusehen, wie Freunde Schweres erleben. Dann fragen wir uns, wie man sie unterstützen kann und ob wir irgendetwas tun können, das ihnen wirklich hilft. In der Bibel steht, dass freundliche Worte dem Körper und der Seele guttun. In solchen Zeiten sind

Gebet und ermutigende Worte immer ein superguter erster Schritt. Auch die einfache Frage: „Wie kann ich dir helfen?“, so wie Paulina sie stellte, ist eine wunderbare Möglichkeit zu reagieren. Ein inniges Gebet und ein Hilfsangebot können deine Freundin daran erinnern, sich an Jesus festzuhalten. Selbst wenn wir in dem Moment nichts an der Situation ändern können, reicht das aufrichtige Angebot manchmal schon aus, um der Freundin in ihrer schwierigen Lage wirklich Mut zu machen.

Zum Nachdenken

- **Erinnerst du dich daran, was jemand in einem schwierigen Moment zu dir gesagt hat, etwas, das für dich wirklich ermutigend und hilfreich war?**

- **Was könntest du sagen oder welche Fragen könntest du stellen, um einer Freundin zu zeigen, dass du sie lieb hast und unterstützt?**

CHALLENGE FÜR DICH

Überrasche eine Freundin, die gerade eine schwere Woche erlebt, mit einer Kleinigkeit.

FREUNDSCHAFT IN AKTION

Schenke einer Freundin, die es grad besonders braucht, ein Wellness-Päckchen mit Badesalz, Schokolade, einem Duft-Teelicht, einem Teebeutel oder einem Tütchen Cappucchino ...

56

Zwillingstag

Kristin

Denn Gott bevorzugt niemanden.

Römer 2,11

„Mama, bald ist Zwillingstag, aber ich weiß nicht, wen ich als Zwilling fragen soll“, stöhnte Becky eines Nachmittags nach der Schule. „Olivia und Tamara haben schon zusammen ihre Outfits geplant, und Mara hat heute Wilma gefragt, weil sie letztes Jahr auch Zwillinge waren.“ Als sie diese Aufzählung von Mädels beendet hatte, die sich bereits zusammengetan hatten, ließ sich Becky verärgert auf die Couch fallen.

Da sie erst vor Kurzem die Schule gewechselt hatte, kannte Becky noch nicht so viele Klassenkameraden, und weil die Projektwoche schon bald anstand, blieb ihr nicht viel Zeit, eine Partnerin zu finden.

„Hmm“, machte ihre Mutter. „Vielleicht könntest du dir jemanden aussuchen, an den du noch nicht gedacht hast? Ein Mädchen, mit dem du bisher nicht die Pause verbringst, oder eine ruhigere Person, die nicht den Mut hat, jemanden zu fragen?“

Beckys Gedanken schalteten den Turbo ein, bis ihr schließlich ein Mädchen namens Monika einfiel, das in der gleichen Straße wohnte. Am nächsten Tag nahm Becky ihren Mut zusammen und fragte Monika, ob sie mit ihr zum Zwillingstag gehen wolle.

„Mama, sie freut sich extrem! Sie wurde noch nie als Zwilling gefragt!“, erzählte Becky, als sie nach Hause kam.

Innerhalb von vierundzwanzig Stunden kehrte sich Beckys Einstellung komplett um: Anstatt sich ausgeschlossen zu fühlen, suchte sie aktiv nach jemandem, den sie einbeziehen konnte. Der Zwillingstag kam und ging vorüber, aber die Freundschaft zwischen Becky und Monika wurde immer stärker.

In der Bibel erinnert uns der Römerbrief daran, dass Gott niemanden bevorzugt. Deshalb sollen wir als Freundin und *Freunde-Sucherin* aktiv nach denjenigen in unserem Umfeld Ausschau halten, die neu, still oder schüchtern sind oder nicht so leicht Freunde finden. Unsere Bereitschaft, über den Tellerrand unseres Freundeskreises zu schauen und andere mit reinzunehmen, zeigt nicht nur unser liebevolles Herz, sondern spiegelt auch die Liebe Jesu für alle Menschen wider.

Zum Nachdenken

- **Wann gab es bei dir das letzte Mal eine herausfordernde Situation in einer Freundschaft? Welche Chance ist daraus entstanden?**

- **Welche kreativen Möglichkeiten gibt es, jemanden mit einzubeziehen, wenn du vor einer ähnlichen Situation wie Becky stehst?**

CHALLENGE FÜR DICH

Bitte Gott, dir jemanden außerhalb deines Freundeskreises zu zeigen, auf den du zugehen könntest. Und plane, wie du das in Angriff nehmen möchtest.

FREUNDSCHAFT IN AKTION

Mache ein Brainstorming: Schreibe all deine Ideen auf, wie du andere mit in die Gemeinschaft, in Gespräche und Aktionen einbeziehen könntest: jemanden ansprechen, eine Einladung in die Chatgruppe oder zu einer Aktion, einen netten Kommentar abgeben, eine Textnachricht schreiben …

57

Offen sein für Leute aus anderen Kulturen

Kendra

Danach sah ich eine riesige Menschenmenge, viel zu groß, um sie zählen zu können, aus allen Nationen und Stämmen und Völkern und Sprachen vor dem Thron Gottes stehen.

Offenbarung 7,9

Bei einem Grillfest in ihrem Garten setzte sich eine Frau namens Alima neben Raphaela und ihre Mutter. Während des Gesprächs erzählte sie, dass sie von den Leuten manchmal komisch angeschaut wird. Alima war vor einigen Jahren als Migrantin in ihre Gegend gezogen. Jetzt ist sie verheiratet und hat zwei kleine Töchter. „Es macht mich traurig, dass die Leute Angst vor mir und meiner Familie haben, ohne uns überhaupt zu kennen“, sagte Alima.

„Mich macht es auch traurig“, erwiderte Raphaelas Mutter. „Du und deine Familie gehören zu unseren Lieblingsnachbarn. Ihr seid freundlich, habt ein gutes Herz und seid immer hilfsbereit.“

Alima lächelte über ihre netten Worte.

Nachdem sie gegangen war, unterhielt sich Raphaela mit ihrer Mutter weiter über das Gespräch. „Warum haben die Leute Angst vor ihnen, Mama? Es sind so nette Leute. Und die Mädchen sind so süß!“

Ihre Mutter stimmte zu und erläuterte dann: „Manchmal haben die Leute Angst vor Dingen oder Menschen, die ungewohnt sind. Aber es ist nicht richtig. Darum können wir uns immer bemühen, unsere Angst zu überwinden und fremde Menschen kennenzulernen.“

Die Bibel sagt uns, dass im Himmel Menschen aus allen Ländern und Völkern vor dem Thron Gottes anbeten werden. Was für ein schönes Bild! Als Christen können wir diese Art von Gemeinschaft vorleben, indem wir uns mit Menschen anfreunden, die anders aussehen als wir. Wenn wir uns die Erfahrungen anderer Menschen anhören, und uns in ihre Lage versetzen, lieben wir die Menschen so, wie Jesus es getan hat. Wir brauchen keine Angst vor anderen zu haben aufgrund ihres Aussehens oder ihrer Kleidung, wegen der Sachen, die sie essen oder nicht essen oder aufgrund ihrer Muttersprache und ihres Herkunftslandes. Jeder Mensch ist als Spiegelbild Gottes geschaffen und Menschen aus allen Ländern werden eines Tages vor dem Thron Gottes stehen. Das gibt uns die Freiheit, fremden Menschen mit Freundlichkeit zu begegnen.

Zum Nachdenken

- **Hast du Freunde aus einem anderen Land oder einer anderen Kultur? Welche Gemeinsamkeiten habt ihr?**
- **Was glaubst du, warum in der Bibel steht, dass Menschen aus allen Ländern einmal vor dem Thron Gottes stehen werden?**
- **Wie können wir in Freundschaften unsere Unterschiede feiern?**

CHALLENGE FÜR DICH

Hast du schon mal darüber nachgedacht, dich mit jemandem aus einem anderen Land oder einer anderen Kultur anzufreunden? Wer könnte das sein?

58

In der Trauer eine Freundin sein

Julie

Glücklich sind die, die traurig sind,
denn sie werden getröstet werden.
Matthäus 5,4

„Oh Herr. Ich vermisse Carina so sehr. Warum musste sie sterben?" Julia schwieg eine Weile. „Jesus, bitte hilf mir, für die kleinen Schwestern von Katrina auch eine gute Freundin zu sein."

Drei Jahre zuvor waren Julia und Carina in dieselbe Klasse gekommen und wurden enge Freundinnen. Doch Carina war gestorben und die letzten Monate waren sehr hart für Julia. Dabei war ihr bewusst, dass es sich für Carinas Zwillingsschwestern Mona und Mina, die eine Klassenstufe jünger waren, noch schlimmer anfühlte.

Julia grübelte, wie sie für Mona und Mina in deren Trauer eine gute Freundin sein konnte. Sie bat die Schulberaterin Frau Hanke um Hilfe. Frau Hanke verglich die Trauer mit einem Ozean: Manchmal ist das Wasser spiegelglatt und ruhig. In solchen Momenten konnte Julia über lustige Erinnerungen lachen. Doch manchmal ist die Trauer wie eine riesige, schäumende Welle, die dich umwirft und aufs Meer rauszieht. In diesen Zeiten strömten Julias Tränen, weil sie Carina so vermisste.

Ist dir bewusst, dass Gott uns gebraucht, um unsere Freunde in tiefer Trauer zu trösten, sogar, wenn wir selbst trauern? Wir können für sie beten, ihnen zuhören und ihnen den Raum geben, den sie brauchen.

Es muss uns jedoch klar sein, dass jeder Mensch unterschiedlich trauert. Julia, Mona und Mina trafen eine Vereinbarung: Wenn eine von ihnen über Carina sprechen möchte, darf sie das. Die anderen versuchen nicht, das Thema zu wechseln oder das Gespräch zu vermeiden, wenn jemand zu weinen beginnt. Es ist gesund, über die Menschen zu sprechen, die wir vermissen, auch wenn es traurig ist. Und es ist genauso okay, wenn man nicht ständig in der Erinnerung bleiben, sondern auch nach vorne schauen möchte.

Zum Nachdenken

- An welche Erwachsenen kannst du dich wenden, wenn eine Freundin von dir jemanden verliert – Oma oder Opa, Bruder oder Schwester, einen guten Freund oder ein Haustier?

- Frage einen vertrauenswürdigen Erwachsenen, welche Worte oder praktischen Dinge ihm in Trauerzeiten geholfen haben. Frage auch, welche Worte oder Taten ihm *nicht* geholfen haben, sodass du weißt, was hilfreich ist und was du möglichst vermeiden solltest.

CHALLENGE FÜR DICH

Wenn eine Freundin trauert, sage ihr, dass du gerne zuhörst, sooft sie über den geliebten Menschen reden möchte. Falls sie nicht reden möchte, ist das in Ordnung, zwinge sie nicht. Doch wenn sie redet, hör aufmerksam zu und stelle Fragen, damit sie spürt, wie sehr sie dir am Herzen liegt.

FREUNDSCHAFT IN AKTION

Bitte drei Erwachsene um ein kleines Interview zum Thema Trauer und stelle ihnen folgende Fragen:

- Erinnere dich an eine Zeit der Trauer in deinem Leben. Welche Worte von anderen haben dir gutgetan?
- Gab es Aussagen von Leuten, die deine Trauer verschlimmert haben, anstatt dich zu trösten?
- Was hättest du in meinem Alter gerne gewusst zum Thema „Unterstützung von Freunden in der Trauer"?

59

Eine Frage des Charakters

Kristin

Erinnere alle daran, sich […] unterzuordnen. Sie sollen […] über niemanden lästern und jedem Streit aus dem Weg gehen. Allen Menschen sollen sie mit Freundlichkeit und Geduld begegnen!

Titus 3,1-2

Eleni wurde von einer neuen Freundin zum Übernachten eingeladen. Sie war ganz aufgeregt. Als der Tag näher rückte, packte sie ihre Tasche und malte sich all die lustigen Sachen aus, die sie mit ihrer Freundin Viola machen könnte.

Während ihres Besuchs bei Viola hatte Eleni tatsächlich unglaublich viel Spaß. Doch als sie am darauffolgenden Montag in die Schule kam, stellte sie fest, dass der Abend nicht so gut gelaufen war wie gedacht.

„Meine Mutter hat gesagt, dass du nicht mehr kommen darfst", sagte Viola und rutschte auf ihrem Stuhl hin und her. „Sie meinte, dass ‚Bitte' und ‚Danke' wohl nicht zu deinem Wortschatz gehören."

Eleni war peinlich berührt und schämte sich. So sehr hatten sich ihre Gedanken um die Übernachtung und die lustigen Aktivitäten mit Viola gedreht, dass sie keine Sekunde überlegt hatte, welchen Eindruck sie auf die anderen im Haus machte. Obwohl sie innerlich sehr dankbar für die schönen Erlebnisse an diesem Wochenende war, hatte sie undankbar gewirkt. Das ließ sie nun in einem schlechten Licht dastehen. Tatsächlich wurde sie von Viola leider nie wieder eingeladen.

Zwar hatte Eleni in der Theorie gewusst, dass Höflichkeit wichtig ist, aber sie musste auf die harte Tour lernen, wie Freundlichkeit und gute Manieren Freundschaften beeinflussen können. Von diesem Tag an gewöhnte Eleni sich an, in allen Beziehungen freundlich und dankbar zu reagieren.

Es ist wichtig, welche Worte wir sagen oder nicht sagen. Als Christen sollten wir uns immer Mühe geben, freundlich und höflich zu anderen zu sein. Sobald wir vergessen, jemandem für eine gute Arbeit zu danken, oder einen Beitrag zu einem Gruppenprojekt übersehen, fühlt derjenige sich vielleicht verletzt. Wenn wir aber aufmerksam für die Taten und Handlungen der anderen sind und unsere Worte bewusst einsetzen, um andere zu ermutigen und Dankbarkeit auszudrücken, stärkt das unsere Beziehungen und festigt unsere Freundschaften. Letztendlich verraten unsere Worte ja unsere Herzenshaltung.

Zum Nachdenken

- **Was meinst du: Auf welche Weise zeigen unsere Worte den Menschen in unserem Umfeld, was wir für einen Charakter haben?**

- **Hast du jemals etwas zu einer Freundin gesagt (oder vergessen zu sagen), was du später bereut hast?**

CHALLENGE FÜR DICH

Wenn du mit deinen Freunden in der Pause zusammen bist oder abends mit deiner Familie am Esstisch sitzt, sag zu jeder Person etwas, was du an ihr gut findest.

60

Gemeinsame Hilfsaktion

Kendra

Niemand soll dich geringschätzen, nur weil du jung bist. Sei allen Gläubigen ein Vorbild in dem, was du lehrst, wie du lebst, in der Liebe, im Glauben und in der Reinheit.

1. Timotheus 4,12

Jolina und ihre Freundin Susi wollten Geld für Menschen in Not sammeln und motivierten ihre Brüder, auch mitzumachen. Sie entdeckten in ihrem Wohnort eine Organisation, die bedürftigen Kindern unauffällig Lebensmitteltüten für das Wochenende gibt, wenn die Kinder zu Hause nichts zu essen haben und ansonsten in der Schule versorgt werden. Doch was sollten die beiden Freundinnen und ihre Geschwister tun, um die Organisation zu unterstützen?

In dieser Zeit hatten ihre Eltern bei einer Frauenkonferenz in ihrer Stadt einen Bücherstand. „Vielleicht könnten wir Magnete basteln, um Geld für die Hilfsorganisation einzunehmen“, schlug Jolina vor. „Wir könnten sie am Bücherstand unserer Mütter verkaufen.“

„Super Idee!“, stimmte Susi zu.

In der Woche vor der Konferenz trafen sie sich alle an einem Abend und erstellten Plakate, auf denen das Spendenprojekt und die Idee dahinter erklärt wurden. Sie besprachen auch, was sie auf der Konferenz sagen sollten, und bereiteten Antworten auf mögliche Fragen vor.

Am Tag der Konferenz kamen die Kinder aufgeregt mit den Magneten an, um sie am Stand zu präsentieren. Schon nach kurzer Zeit merkten sie, dass es richtig Spaß machte, über ihr Projekt zu sprechen. An den zwei Konferenztagen lernten sie viele neue Leute kennen und führten Gespräche über die Hilfsaktion für bedürftige Kinder in ihrer Stadt. Es fühlte sich gut an, diese Erfahrung gemeinsam mit Freunden zu machen. Jolina freute sich: „Allein wäre ich wahrscheinlich nicht so selbstbewusst gewesen, aber zusammen mit einer Freundin habe ich mich getraut.“

Bei gemeinsamen Aktionen mit Freunden gewinnen wir Mut, den wir allein vielleicht nicht hätten. Solche Aktionen zeigen, wie wir den Glauben aktiv leben und uns um die Bedürfnisse anderer kümmern können. Dein Alter ist niemals ein Hindernis! Wenn du eine Leidenschaft hast, anderen Menschen zu helfen oder Gutes zu tun, dann trau dich und motiviere deine Freunde mitzumachen.

Zum Nachdenken

- **Welcher Gruppe von Menschen möchtest du leidenschaftlich gerne helfen oder Gutes tun?**

- **Wie könnte deine Hilfe aussehen und wen könntest du zum Mitmachen motivieren?**

CHALLENGE FÜR DICH

Frage eine Freundin, ob sie mit dir zusammen etwas tut, um jemand anderem zu helfen.

FREUNDSCHAFT IN AKTION

Finde heraus, wo es in deinem Wohnort Menschen gibt, die Unterstützung brauchen: Obdachlose; Menschen, die zur „Tafel“ gehen, weil sie wenig Geld haben; Naturschutzverein; Flüchtlingsinitiative ... Wie kannst du helfen? Bitte deine Eltern, in deinem Teenkreis oder deiner Schule um Unterstützung bei der Planung einer Spendenaktion oder bei der Beschaffung von Material.

61
Freundschaft ist wichtiger als Besitz

Julie

Und alles, was auch immer ihr tut oder sagt,
soll im Namen von Jesus, dem Herrn, geschehen,
durch den ihr Gott, dem Vater, danken sollt!

Kolosser 3,17

„Yeah! Unfassbar!", quietschte Alina und hüpfte wild umher. Auf ihrem Spielbildschirm blinkten Lichter und verkündeten, dass sie gerade den Fünfhundert-Punkte-Jackpot geknackt hatte. Ihre Rufe „Ich habe gewonnen!" waren im ganzen Saal zu hören, während sie einen kleinen Freudentanz aufführte.

Alina und Josie waren gemeinsam in einem Spielklub mit Tombola, um Josies Geburtstag zu feiern. Josie kam gerade von der Toilette zurück und sah Alina umhertanzen. Ihr war klar, dass etwas Großartiges passiert war. „Was ist denn hier los? Was hast du gewonnen?", fragte Josie. Alina berichtete und Josie antwortete: „Wahnsinn! Lass uns die Punkte jetzt einlösen."

Fünfhundert Punkte waren mehr als das Doppelte dessen, was Josie und Alina zuvor erspielt hatten. Während sie durch den Laden liefen, fiel Alina auf, dass Josie sich zwar sehr bemühte, sich für sie mitzufreuen, es ihr aber sehr schwerfiel. Zu ihrem Lieblingsartikel fehlten Josie zweihundert Punkte, und es war kaum etwas zu finden, was Josies Punktzahl entsprach. Alina dachte nach und überprüfte im Stillen ihren eigenen Punktestand. Dann suchte sie etwas für sich aus, sodass noch zweihundert Punkte übrig blieben, um sie Josie zu schenken.

„Hier, Josie", sagte Alina und reichte Josie die zusätzlichen Punkte.

„Wirklich? Oh danke!" Josie fiel Alina um den Hals.

„Na klar. *Du* hast ja Geburtstag. Happy Birthday, liebe Josie!"

Wenn wir einen Preis gewinnen oder etwas bekommen, was sonst niemand hat, fühlt sich das gut an, stimmt's? Und es ist normal, dass wir es zuerst einmal für uns selbst behalten möchten. Aber die Entscheidung, unseren unerwarteten Segen mit einem Freund zu teilen, ist ein schönes Beispiel für Paulus' Aufforderung im Kolosserbrief: Alles, was wir tun, sollen wir im Namen Jesu tun. Gott möchte, dass unsere Worte und Taten für ihn sprechen dass sie seine Liebe für die Welt offenbaren. Außerdem sollen wir ihm danken, dass er uns mit guten Dingen gesegnet hat, indem wir sie mit anderen teilen.

Zum Nachdenken

- **Hast du schon mal erlebt, dass jemand seinen unerwarteten Segen mit dir geteilt hat? Wie hat das deinen Tag verändert? Wie hast du reagiert?**

- **An welchen Stellen hat Gott dich auf eine Weise gesegnet, dass du es mit anderen teilen kannst?**

CHALLENGE FÜR DICH

Nimm dir vor, ein bestimmtes Geschenk von Gott an dich mit einer Freundin zu teilen.

62

Gemeinsamkeiten

Kristin

Nehmt einander an, wie Christus euch angenommen hat, denn dadurch wird Gott geehrt.

Römer 15,7

„Mama, wir sind fast wie Zwillinge", ertönte Luisas Stimme vom Rücksitz des Autos. „Wir mögen Pink, Pferde und puzzeln. Wir haben *so viele* Gemeinsamkeiten!"

Wenige Stunden zuvor hatte Luisa noch ganz anders geklungen. Sie war nämlich erst im vorherigen Monat den Pfadfindern beigetreten, das war zwei Monate später als alle anderen. Als neuestes Mitglied der Truppe freute sie sich, dabei sein zu dürfen, war aber unsicher, was die anderen Mädchen wohl über sie dachten, schließlich kannten die anderen sich schon. Würden sie gemeinsame Gesprächsthemen haben?

Auf der Heimfahrt wurde Luisa nun klar, dass ihre Sorgen unbegründet waren. Jedes der Mädchen hatte etwas über sich erzählt, um herauszufinden, welche Interessen sie teilten. Luisa stellte erfreut fest, dass sie mit einigen Mädchen mehr Gemeinsamkeiten hatte, als ursprünglich angenommen.

Innerhalb von Freundschaften kann es schnell passieren, dass wir unsere Unterschiede stärker beachten als unsere Gemeinsamkeiten. Unsere Haare oder Kleidung sehen vielleicht verschieden aus, wir unterscheiden uns in der Persönlichkeit und bei manchen Interessen. Einerseits wollen wir unsere Einzigartigkeit feiern, doch andererseits sollten wir unsere Unterschiede nicht als Ausrede benutzen, um keine Freundschaft einzugehen.

Wenn unsere Freunde jedoch Christen sind, haben wir immer unseren Glauben an Jesus als Grundlage für eine Freundschaft. Die Bibel fordert uns auf, uns gegenseitig anzunehmen, so wie Christus uns angenommen hat. Doch selbst wenn jemand nicht dasselbe glaubt wie wir, können wir uns auf die *Gemeinsamkeiten* konzentrieren. Sobald wir die Eigenschaften oder Interessen im Blick haben, die uns zusammenbringen, anstelle der Dinge, die uns trennen, werden wir wie Luisa immer wieder feststellen, dass wir mehr Gemeinsamkeiten haben als gedacht.

Zum Nachdenken

- **Hast du dich schon mal von einer möglichen Freundin distanziert, weil sie dir zu „anders" erschien, dann aber später herausgefunden, dass ihr viele Gemeinsamkeiten habt? Kannst du dich erinnern, dass sich jemand deshalb von dir distanziert hat?**

- **Was bedeutet es aus deiner Sicht, andere so anzunehmen, wie Christus uns angenommen hat?**

CHALLENGE FÜR DICH

Schreibe alle Sachen auf, die du mit einer bestimmten Freundin (oder einem Freund) gemeinsam hast. Erzähle dieser Person, warum du dich freust, dass ihr diese Eigenschaften oder Interessen teilt.

FREUNDSCHAFT IN AKTION

Organisiere ein Freundschafts-Interviewspiel, um herauszufinden, welche Gemeinsamkeiten ihr habt. Überlege dir Uhrzeit und Ort (in einer Schulpause, am Nachmittag oder am Wochenende?) und such dir Freunde und Bekannte, die Lust haben mitzumachen. Bereite im Voraus für jeden ein Blatt mit zehn bis zwanzig verschiedenen Fragen vor, die ihr euch dann gegenseitig stellt. Hier sind ein paar Ideen:

- Wer hat genau eine Schwester?
- Wer hat schon mal in einem Hotel übernachtet?
- Wer geht gerne joggen?
- Wessen Lieblingsfarbe ist Blau?
- Wer mag Katzen?
- Wer isst gern grüne Bohnen?
- Wer spielt Handball?
- Wer war schon mal campen?
- Wer liest gerne?
- Wer hat ein eigenes Zimmer?

Lauft während der Befragung alle kreuz und quer durch den Raum. Fragt euch gegenseitig aus und lasst bei jeder Frage die Person unterschreiben, die diese Frage mit Ja beantwortet.

63

Klug handeln

Kendra

Hält sich jemand von euch für klug und weise? Dann soll das an seinem ganzen Leben abzulesen sein, an seiner Freundlichkeit und Güte. Sie sind Kennzeichen der wahren Weisheit.

Jakobus 3,13 (Hfa)

Judith geht in die 6. Klasse und gibt sich große Mühe, die Schule gut zu meistern. Sie ist in den meisten Fächern eine Zweier-Kandidatin, hat ein weiches Herz und kommt mit vielen prima aus. Darum ist sie sowohl bei den Lehrern als auch bei ihren Mitschülern beliebt. Nur eine Schwäche hat sie in ihren Beziehungen: Sie möchte es jedem recht machen.

Eines Tages spürte Judith während der Matheklausur, wie jemand sie anstupste. Es war eines der beliebten Mädchen ihrer Klasse. „Was kommt bei Nummer 10 raus?“, flüsterte das Mädchen leise.

Judith schaute sich unsicher um. „Achtundzwanzig“, flüsterte sie zurück und bekam sofort ein schlechtes Gewissen.

„Judith!“ Frau Ammer stand plötzlich zwischen den beiden Mädchen. „Leider muss ich euch die Klausuren abnehmen. Wer schummelt, bekommt eine Sechs.“

Nach der Schule erzählte Judith ihrer Mutter weinend, was passiert war.

Ihre Mutter hörte zu und nahm Judith in den Arm. „Ich kenne dieses Gefühl ganz genau: Man versucht, von den anderen gemocht und akzeptiert zu werden“, sagte sie. „Ich habe auch immer den starken Drang, es allen recht zu machen. Doch weil ich das über mich weiß, ist es umso wichtiger, meine Freunde klug auszuwählen. Denn mir ist bewusst, dass sie mich beeinflussen werden.“

In der Bibel steht: Wenn jemand klug ist und Gottes Wege versteht, sollte das an seiner Lebensweise erkennbar sein. Sobald wir uns jedoch um die Frage drehen, was andere über uns denken, sind wir weniger in der Lage, aufrichtig zu leben. Verbringen wir viel Zeit mit Leuten, die negativ, gemein oder unfreundlich sind, gewöhnen wir uns wahrscheinlich die gleichen Dinge an, nur um diesen „Freunden" zu gefallen. Es funktioniert aber auch andersherum: Verbringen wir unsere Zeit mit Leuten, die freundlich, großzügig und liebevoll sind und sich Mühe geben, anderen Gutes zu tun, werden auch wir so leben. Entscheiden wir also klug, wem wir erlauben, uns und unsere Lebensentscheidungen zu beeinflussen.

Zum Nachdenken

- **Bist du jemand, der sich leicht von anderen beeinflussen lässt? Warum bzw. warum nicht?**

- **Hast du schon mal eine ähnliche Situation wie Judith erlebt und etwas getan, was unklug war, nur um von den anderen akzeptiert zu werden?**

CHALLENGE FÜR DICH

Schreibe dir einige Eigenschaften auf, die eine gute Freundin haben sollte, und bitte Gott dann darum, selbst so eine Freundin für andere zu sein.

64

Du bist Gottes Botschafterin

Julie

Wie soll jemand hingehen und ihnen die Botschaft Gottes sagen, wenn er nicht dazu beauftragt wurde? Das ist gemeint, wenn es in der Schrift heißt: „Wie wunderbar ist es, die Boten kommen zu hören, die gute Nachrichten bringen!“

Römer 10,15

„Jesus, warum habe ich bloß gezweifelt? Du kannst jeden gebrauchen, sogar in meinem Alter. Und danke, dass du mir mit Alica eine neue Freundin geschenkt hast. Sie ist genau das, was ich brauchte.“ Leonie flüsterte ihr Gebet, während sie ihren Schlafsack bis zum Kinn zog.

Als Leonie sich entschieden hatte, mit ihrer Jugendgruppe auf einen Missionseinsatz zu gehen, ahnte sie nicht, dass Gott ihr auch eine neue Freundin schenken würde. Alica war mit ihrer eigenen Jugendgruppe dabei und die zwei Mädchen hatten viele Gemeinsamkeiten.

„Ich bin ganz schön aufgeregt“, hatte Alica an diesem Tag beim Mittagessen zu Leonie gesagt.

Leonie hatte zugestimmt und sich insgeheim gefragt, wie Gott sie hier gebrauchen konnte, da so viele Erwachsene sie eigentlich noch für ein Kind hielten.

„Weißt du was?“, fuhr Alica fort. „Obwohl ich aufgeregt bin, weiß ich, dass Gott durch mich wirken kann und durch dich genauso!“

Am Ende der Woche stellte Leonie fest, dass Gott tatsächlich jede von ihnen auf unterschiedliche Weise gebraucht hatte.

Egal, wie alt du bist, keiner ist zu jung, um von Gott in die Welt gesandt zu werden und seine gute Botschaft weiterzuerzählen. Du hast Beziehungen zu Gleichaltrigen und die Möglichkeit, in ihr Leben zu sprechen, was Erwachsene so nicht können. Du verstehst Mädchen deines Alters auf eine Weise, die Erwachsenen nicht möglich ist. Außerdem hat Gott schon Ideen, wie er dich gebrauchen will, um in deiner Umgebung seine gute Nachricht zu verbreiten: auf dem Schulhof, in deinem Bekanntenkreis und in deiner Familie, am Spielfeldrand und überall sonst, wo du bist. Nur Mut!

Zum Nachdenken

- Was könntest du tun, um deinen Glauben nicht länger zu verstecken? Wie kannst du dein Christsein echt und offen leben?

- Wer in deinem Freundeskreis sollte die Wahrheit über Gott hören? Wer aus deinem Freundeskreis steht dir zur Seite, um ebenfalls Gottes Liebe zu anderen zu bringen?

CHALLENGE FÜR DICH

Bitte Gott, dir Gesprächsmöglichkeiten mit deinen Freunden zu eröffnen, damit du von seiner Liebe erzählen kannst. Sei mutig, wenn das Thema zur Sprache kommt. Du hast Jesus, deinen besten Freund, an deiner Seite!

FREUNDSCHAFT IN AKTION

Unternimm mit deinen Freunden eine „Glaubens-Aufbau-Aktion“. Hier ein paar Ideen:

- Bastelt Lesezeichen für eure Bibel und schreibt eure Lieblingsverse darauf.
- Gestaltet ein Poster für euer Zimmer mit Worten und Bildern, die Gottes Liebe sichtbar machen.
- Organisiert eine Bastelparty, bei der ihr Motivations- oder Gebetskärtchen herstellt, die ihr vor Klassenarbeiten an andere verschenkt.

65

Wenn wir unsicher sind

Kristin

Doch wenn ich Angst habe, vertraue ich dir.

Psalm 56,3

Lottas Nachbarn wohnten schon seit sechs Monaten nebenan. Zwar kannte Lotta die Familie noch nicht so gut, aber sie hatte schon ein paarmal mit dem Sohn und der Tochter gespielt. Eines Tages flüsterte die neue Freundin Lotta etwas Beunruhigendes zu. Das Mädchen erzählte, ihr Vater schlage ihren Bruder mit einem Gürtel. Lottas Magen krampfte sich zusammen, als der Bruder sein T-Shirt hochzog und die blauen Flecken auf seinem Rücken zeigte. Die meisten Erwachsenen behandeln Kinder gut. Aber manche Erwachsene verletzen Kinder, anstatt ihnen zu helfen. Es war Lotta bewusst, dass so etwas Missbrauch heißt und dass sie es jemandem sagen musste, der helfen kann.

Am nächsten Wochenende übernachtete Lotta bei ihrer anderen Freundin Nadine. Dort nahm sie all ihren Mut zusammen und erzählte Nadine im Flüsterton die Geschichte ihrer Nachbarin. Nadine hörte sich ihre Geschichte an und griff dann beruhigend Lottas Hand. „Das müssen wir meiner Mutter erzählen", sagte Nadine. Lotta wusste, dass Nadines Mutter Sozialarbeiterin war und sich um benachteiligte Kinder ihrer Region kümmerte. Darum stimmte sie zu.

Ein paar Minuten später dankte Nadines Mutter Lotta mit ernstem Blick, dass sie das Thema angesprochen hatte. Sie bat Lotta genau zu erzählen, was das Nachbarmädchen gesagt hatte und welche Spuren sie gesehen habe. „Wir kümmern uns drum", bestätigte Nadines Mutter anschließend. „Keiner braucht zu wissen, dass die Informationen von dir stammen. Ist das in Ordnung für dich?"

Lotta nickte und fühlte sich erleichtert. Sie spürte, dass es gut gewesen war, die Sache Nadines Mutter anzuvertrauen.

Manchmal haben wir als Einzige die Möglichkeit, einem Freund in Schwierigkeiten zu helfen. Angesichts der Probleme können wir jedoch auch Angst bekommen. Aber als Christen sind wir nie allein. Jesus ist immer bei uns! Er möchte, dass wir ihm unsere Sorgen anvertrauen. Trotzdem: Wenn wir mit Situationen konfrontiert werden, die eine Nummer zu groß für uns sind, können wir uns an vertrauenswürdige Erwachsene wenden, die Gott als Unterstützer in unser Leben gestellt hat.

Zum Nachdenken

- **Hast du schon mal eine Situation erlebt, die dir zu schwierig und zu kompliziert erschien?**
- **Welche vertrauenswürdigen Erwachsenen kennst du, mit denen du in einer solchen Situation reden könntest? Schreibe dir ihre Namen auf.**

CHALLENGE FÜR DICH

Besprich mit deinen Eltern oder anderen Erwachsenen deines Vertrauens, was du tun sollst, wenn du glaubst, dass ein Freund oder eine Freundin auf irgendeine Weise missbraucht wird. Schreibe die einzelnen Schritte auf: mit wem du über deine Sorgen sprechen solltest, bei welcher Hotline du im Notfall anrufen könntest usw.

66

Mentorin und Freundin

Kendra

Jede Generation soll ihren Kindern von deinen Werken erzählen, von den mächtigen Taten werden sie verkünden und von den wunderbaren Zeichen, die du vollbracht hast.

Psalm 145,4-5

Matteas Familie plante, ein paar befreundete Familien zu einem Bibellesetreffen einzuladen. „Ich würde den kleineren Kindern gern die Geschichte von Noah erzählen", sagte Mattea zu ihrer Mutter und zeigte die Kinderbibel, die sie gerade las.

„Super Idee!", antwortete Matteas Mutter. Sie half ihrer Tochter, alle Materialien zusammenzusuchen, die sie für den Vormittag brauchen würde. Sorgfältig plante Mattea ihr Programm und schnitt alle Dinge aus, die sie brauchte.

Am Morgen des Treffens legte Mattea ihre Sachen auf den Küchentisch. Als die Kinder da waren, verteilte sie etwas zu knabbern. Dann lasen Mattea und ihr Bruder Levi die Geschichte von Noah und der Arche aus der Kinderbibel vor und beantworteten die Fragen der Kinder. Anschließend unterstützten sie jedes Kind dabei, einen Regenbogen aus Tonpapier zu basteln, als Erinnerung an Gottes Versprechen aus der Geschichte.

„Wie war es?", erkundigte sich Matteas Mutter später am Nachmittag.

„Es hat Spaß gemacht!", antwortete Mattea. „Ich lerne selber mehr über Gott, wenn ich kleineren Kindern beibringe, wie man betet, wie man auf Gottes Stimme hört und dabei Spaß hat."

Oft lernen wir Dinge am besten, indem wir andere unterrichten. Aber ganz ehrlich, manchmal ist es auch frustrierend: Sobald kleinere Kinder nicht zuhören, ständig unterbrechen oder abgelenkt sind, fragst du dich vielleicht, warum du ihnen überhaupt etwas vermitteln sollst. Doch in den Psalmen steht, dass jede Generation dazu bestimmt ist, der nächsten von Gott und seinen Taten zu erzählen! Ein wichtiges Element in Freundschaften ist das Mentoring. Mentoren sind Freunde, die uns etwas über Gott beibringen, unsere Fragen beantworten und uns unterstützen. Man ist nie zu jung, für jemanden ein Mentor zu werden. Wir alle können Geschichten über Gott erzählen und andere in ihrem Leben und Glauben bestärken.

Zum Nachdenken

- **Wer ist für dich eine freundschaftliche Mentorin? Was magst du an dieser Person besonders?**

- **Für wen könntest du eine Mentorin sein?**

CHALLENGE FÜR DICH

Halte Ausschau nach jemandem, den du als Mentorin unterstützen und ermutigen kannst.

FREUNDSCHAFT IN AKTION

Bringe einer Freundin oder einem Freund etwas bei, was du schon kannst. Ideen sind: tanzen, Volleyball oder eine andere Sportart, kochen oder stricken, ein Musikinstrument oder eine Fremdsprache … Die Möglichkeiten sind endlos!

67

Mut, eine Freundschaft loszulassen

Julie

Die Sünder werden vom Unglück verfolgt, die Gerechten vom Glück!

Sprüche 13,21

„Vielleicht setze ich mich in der Mensa ab jetzt neben Maria", sagte Vivi zu ihrer Mutter, als sie vom Supermarkt nach Hause fuhren.

„Ach ja? Ist etwas mit Isa und Steffi passiert?", fragte die Mutter. Vivi zuckte mit den Schultern. „Seitdem wir in der 7. Klasse sind, haben wir uns irgendwie auseinandergelebt. Sie schauen immer Videos an, die mir unangenehm sind, und sagen, dass sie manchmal mit älteren Jugendlichen rumhängen, die kiffen."

„Das klingt, als würden Isa und Steffi eine Richtung einschlagen, die sie noch in Schwierigkeiten bringen wird", antwortete Vivis Mutter. „Ich bin stolz auf dich, dass es dir auffällt."

Vivi kannte Steffi und Isa seit dem Kindergarten, während sie Maria gerade neu kennengelernt hatte, doch Vivi spürte, dass sie sich mit Maria enger anfreunden wollte. „Maria macht gute Sachen in ihrem Leben", erklärte sie ihrer Mutter. „Und wir haben viele gemeinsame Interessen."

„Es ist ein sehr kluger Plan, dich in der Mensa neben Maria zu setzen. Versuch's doch diese Woche mal und schau dann einfach, wie es läuft."

Weißt du, dass nur sehr wenige Menschen ihr ganzes Leben lang oder einen großen Teil ihres Lebens lang dieselben Freunde haben? Zwar sind manche Erwachsene noch mit Leuten aus ihrer Kindergartenzeit befreundet, doch weitaus mehr Menschen haben in verschiedenen Lebensphasen unterschiedliche Freunde. Wir verändern uns mit der Zeit, somit ändern sich auch unsere Freundschaften.

Es ist nicht schlimm, wenn eine deiner Freundschaften sich auseinanderentwickelt, vor allem, wenn deine Freundin immer wieder Sachen tut, die für dich ganz klar falsch oder gefährlich sind. Die Bibel führt uns vor Augen, dass wiederholte Fehlentscheidungen zu Problemen führen. Sobald eine Freundin oder ein Freund ständig Dinge tut, die in unseren Augen falsch sind, und uns auffordert mitzumachen, sollten wir diese Freundschaft überdenken, egal, wie alt oder jung wir sind.

Zum Nachdenken

- **Interviewe einen Erwachsenen zu einer Freundschaft, die er oder sie verloren hat, weil einer seiner Freunde bzw. Freundinnen sich in eine ungesunde Richtung entwickelt hat. Wie ging dein Interviewpartner mit der Situation um?**

- **Hast du Klassenkameraden, Freunde oder Nachbarn, die manchmal fragwürdige Dinge tun? Frage einen Erwachsenen deines Vertrauens, wie du mit Beziehungen umgehen kannst, die sich ungut entwickeln.**

CHALLENGE FÜR DICH

Wenn du eine Freundschaft loslassen musst, weil ihr euch in unterschiedliche Richtungen entwickelt, halte nach jemandem Ausschau, der ähnlich denkt wie du. Vielleicht entwickelt sich daraus ja eine neue Freundschaft …

68

Gott um Weisheit bitten

Kristin

Wenn es irgendeinem von euch an Weisheit fehlt, dann soll er Gott darum bitten. Er gibt allen gern und macht niemandem Vorwürfe. So wird ihm diese Weisheit geschenkt werden.

Jakobus 1,5 (DB)

Sina ging in die 8. Klasse, als ihre Gedanken und Gefühle über sich selbst immer düsterer wurden. Die meisten Menschen erleben in ihrem Leben auch Stimmungsschwankungen und haben schlechte Phasen, aber Sinas negative Gedanken über sich selbst wurden so schlimm, dass ihre besten Freundinnen sich ernsthafte Sorgen um sie machten.

Sie drängten Sina, mit zwei Mentoren zu sprechen, die eine wöchentliche Kleingruppe veranstalteten. Jedoch hatte Sina keine Lust, über ihre Gefühle zu sprechen. Sie drohte ihren Freundinnen sogar, die Freundschaft zu beenden, wenn die beiden gegen Sinas Wunsch die Mentoren ansprechen würden.

Ihre Freundinnen entschieden sich dennoch für den aus ihrer Sicht richtigen Schritt. Trotz Sinas Protest setzten sich die beiden mit den Mentoren zusammen und erklärten ihnen, was bei ihrer Freundin los war. Nach dieser Schilderung griffen die Mentoren ein. Mit ihrer Hilfe gelang es Sina, den dunklen Ort zu verlassen, an dem sie gelandet war. Als ihre Gedanken mit der Zeit allmählich positiver wurden, war sie ihren Freundinnen unglaublich dankbar, dass sie sich eingemischt hatten.

Freunde müssen tun, was richtig ist, auch wenn es schwerfällt. Sinas Freundinnen mussten befürchten, die Freundschaft zu verlieren. Trotzdem entschieden sie, dass Sinas Gesundheit und Wohlbefinden Vorrang hatten.

Manchmal ist es schwer zu entscheiden, ob wir über das Problem einer Freundin schweigen oder es jemandem erzählen müssen. Im

Jakobusbrief werden wir daran erinnert, dass wir uns immer zuerst an Gott wenden können, wenn wir Weisheit brauchen. Sein Wort dient uns als Wegweiser. Seine Liebe und sein Trost sind uns immer ganz nah. Wenn wir bei einer Frage unsicher sind, dürfen wir immer um Hilfe bitten: Gott und Erwachsene unseres Vertrauens.

Zum Nachdenken

- **Warst du jemals in der Situation, dass eine Freundin gedroht hat, eure Freundschaft zu beenden, wenn du etwas Bestimmtes tust, was sie nicht will? Wie hast du reagiert?**

- **Schreibe eine Liste von Situationen, in denen es wichtiger ist, das Richtige zu tun, als sich vor dem Verlust einer Freundschaft zu fürchten.**

CHALLENGE FÜR DICH

Rede mit einem vertrauenswürdigen Erwachsenen darüber, was Anzeichen oder Symptome sind, die dir zeigen, dass eine Freundin sehr wahrscheinlich mit einer Depression kämpft. Redet darüber, was du unternehmen kannst, wenn eine Freundin aus deiner Sicht Hilfe braucht.

FREUNDSCHAFT IN AKTION

Was ist der Unterschied zwischen Traurigkeit und Depression? Jeder fühlt sich mal traurig, das ist ganz normal. In der Regel bezieht sich Traurigkeit auf ein bestimmtes Erlebnis. Bei einer Depression hingegen fühlt man sich lange Zeit traurig, schwermütig oder antriebslos, ohne genau zu wissen, warum. Wenn du dir nicht sicher bist, ob du selbst oder eine Freundin unter einer Depression leidet, sprich mit einem Erwachsenen, zum Beispiel deinen Eltern, einem Schulsozialarbeiter oder deiner Jugendleiterin, darüber.

69

Eine gute Mannschaftskapitänin

Kendra

Da rief Jesus sie zusammen und sagte: „Ihr habt erfahren, dass in dieser Welt die Könige Tyrannen sind und die Herrschenden die Menschen oft ungerecht behandeln. Bei euch sollte es anders sein. Wer euch anführen will, der soll euch dienen, wer unter euch der Erste sein will, soll der Sklave aller sein."

Markus 10,42-44

Lola wurde vom Trainer ihrer Hockeymannschaft gebeten, eine der beiden Kapitäninnen zu werden. Ihr Trainer sagte, dass er sie ausgesucht habe, weil sie für jeden in der Mannschaft so eine gute Freundin ist. Lola fühlte sich einerseits geehrt, andererseits auch etwas unsicher in dieser neuen Rolle. *Werden sie mich als Kapitänin akzeptieren oder kritisieren?*

An diesem Nachmittag sah sie ihren Vater zu Hause am Küchentisch sitzen und fragte ihn nach seiner Meinung.

„Ich finde es eine gute Sache, solange dir klar ist, was es bedeutet, eine gute Kapitänin zu sein", sagte ihr Vater.

„Was meinst du damit?", fragte Lola.

„Nun, lass uns mal nachdenken, was einen guten Leiter ausmacht."

Während sie sich unterhielten, wurde Lola bewusst, dass die Eigenschaften eines guten Leiters auch die Eigenschaften eines guten Freundes sind: Ein guter Leiter ...

- motiviert und ermutigt andere
- hört aufmerksam zu und hilft, wenn es jemand schwer hat
- nimmt wahr, wie es den anderen gerade geht
- weiß, dass das Team als Ganzes stärker ist als die einzelnen Teile

Hingegen tut ein guter Mannschaftskapitän folgende Dinge *nicht*: 1) die anderen kritisieren, sie schlecht machen oder sich über sie lustig machen; 2) hinter ihrem Rücken über Mannschaftskameraden reden; 3) diejenigen ignorieren, die Hilfe brauchen; oder 4) sich keine Zeit nehmen, um die Sorgen der anderen anzuhören.

Über all diese Punkte redete Lola mit ihrem Vater. Dann sagte ihr Vater: „Als Kapitänin und genauso als Freundin geht es nicht zuerst um dich, sondern vor allem um die Menschen, für die du dich einsetzt. Ich glaube, du wirst eine hervorragende Kapitänin, weil du freundlich und liebevoll bist und gerne anderen hilfst."

Wir alle können uns um die Eigenschaften eines guten Leiters und Freundes bemühen, ob wir nun Mannschaftskapitän sind oder nicht. Als Menschen, die Jesus lieb haben, sollen wir auch anderen seine Liebe zeigen.

Zum Nachdenken

- **Gab es schon mal eine Situation, wo du die Leiterin warst? Kannst du dir vorstellen, ein Team zu leiten? Warum bzw. warum nicht?**

- **Welche der oben aufgeführten „Eigenschaften eines guten Leiters" treffen bereits auf dich zu?**

CHALLENGE FÜR DICH

Eine gute Freundin sein und eine gute Leiterin sein, da gibt es viele Gemeinsamkeiten. Schau dir noch mal die vier Punkte mit den Eigenschaften eines guten Leiters an. Such dir einen Punkt aus und versuche ihn in den nächsten Tagen bewusst umzusetzen.

70

Die innere Stimme ernst nehmen

Julie

Liebe Brüder und Schwestern,
werdet nicht müde, Gutes zu tun!
2. Thessalonicher 3,13 (Hfa)

„Gibt es etwas, wofür ich für dich beten kann?“, tippte Finja in ihr Handy.

Diese Nachricht kam eines Morgens, als Ida besonders traurig war. Finja schien immer zu spüren, wenn etwas nicht stimmte. Ihre Nachrichten kamen oft genau zum richtigen Zeitpunkt, kurz bevor Ida etwas Schweres zu bewältigen hatte. Ida lächelte unter Tränen, als sie Finjas Nachricht las, und war sowohl Jesus als auch ihrer Freundin unglaublich dankbar. Es war nicht verwunderlich, dass Finja fast wie eine Gedankenleserin wirkte. Sie reagierte auf die leise innere Stimme von Gott. Ihre Begabung war, den Menschen in ihrem Umfeld Mitgefühl und Fürsorge zu schenken. Ihre Nachrichten zeigten ihren Freunden, dass sie nicht allein sind, dass Gott sie sieht und so sehr liebt, dass er sogar ihre Freundin Finja anstupst, um sie daran zu erinnern.

Ist es nicht wunderbar, jemanden wie Finja zur Freundin zu haben? Wir alle können von Finja lernen: indem wir Gott bitten, uns mit einem Gedanken anzustupsen, wenn er möchte, dass wir bei einer Freundin nachfragen. Wenn wir diesen Gedanken oder die leise innere Stimme erkennen und ernst nehmen, können wir später oft erstaunt feststellen, dass unser Handeln perfekt von Gott getimt war.

Es ist gut und wichtig, auf Gottes leise Stimme zu hören. Aber das ist nicht immer so einfach. Die Alltagspflichten vereinnahmen uns oft so sehr, dass wir Gottes Flüstern in unseren Gedanken und Gefühlen leicht ignorieren können. *Ruf deine Freundin mal an. Jetzt. Schick ihr einen Bibelvers. Oder: Biete ihr bei dieser Sache deine Hilfe an.* Nur wenn wir Gottes „Stupser“ ernst nehmen, kann Gott andere durch uns segnen. Dann sind wir seine Botschafter für die Menschen in unserem Umfeld.

Zum Nachdenken

- Wer in deinem Leben ist gut darin, dir immer wieder Ermutigungsnachrichten zu schicken?
- Welche kreativen oder auch witzigen Möglichkeiten gibt es, anderen Mut zu machen?

CHALLENGE FÜR DICH

Mach dir eine Liste mit Menschen, die Gebet gebrauchen könnten, und schicke ihnen eine Mutmach-Nachricht.

FREUNDSCHAFT IN AKTION

Kaufe ein paar hübsche Pflanzen, Blumenerde und Tontöpfe in einem Gartencenter in deiner Nähe. Bemale die Tontöpfe mit Acrylfarbe und lass sie über Nacht trocknen. Pflanze in jeden Topf eine Pflanze. Verschenke die Töpfe dann an Freundinnen, Lehrer, Nachbarn, deinen Pastor oder andere Personen, die aus deiner Sicht eine kleine Aufmunterung gebrauchen könnten.

71

Der erste Eindruck

Kristin

Menschen mit Verstand zügeln ihren Zorn; sie erwerben Achtung, wenn sie über Unrecht hinwegsehen.

Sprüche 19,11

Rebekka stand leise singend auf dem Podium und wartete auf den Beginn der Konzertprobe für die Fünftklässler.

Eine neue Klassenkameradin drehte sich stirnrunzelnd zu ihr um. „Du hast eine hässliche Stimme", sagte sie.

Da Rebekka sich jedoch auf das bevorstehende Konzert konzentrierte und ihre Stimme selbst ganz schön fand, ließ sie sich von der Unhöflichkeit des Mädchens nicht aus der Ruhe bringen. Sie sang einfach weiter.

Ein paar Tage später probte der Chor wieder für das Konzert. Nun fiel Rebekka auf, dass dasselbe Mädchen immer wieder am hinteren Ausschnitt ihres Konzertkostüms zupfte. Der Klettverschluss hielt nicht. Er kratzte ständig an ihrem Nacken und reizte ihre Haut. Als sie das Problem erkannte, streckte Rebekka ihre Hand aus und faltete den Klettverschluss so um, dass er korrekt am Stoff haften blieb. Das Mädchen drehte sich um, lächelte und sagte: „Danke!" Nach einer Pause fügte sie etwas nachdenklich hinzu: „Du bist echt nett."

Wenn jemand etwas Unfreundliches sagt oder tut, vor allem eine unbekannte Person, fällt es uns schwer, kein vorschnelles Urteil zu fällen. Doch wenn wir dann selbst wütend reagieren oder uns verteidigen, schüren wir vielleicht nur einen Streit und haben anschließend einen Feind im Leben. Rebekkas Geschichte zeigt, dass wir uns nicht auf den ersten Eindruck verlassen können, um den Charakter einer Person richtig einzuschätzen. Menschen machen einfach Fehler. Aber wenn wir inmitten ihrer Schwächen gnädig sind und trotz ihrer Unvollkommenheit freundlich bleiben, setzen wir positive Zeichen und gewinnen am Ende vielleicht einen Freund.

Im Buch der Sprüche steht, dass es ein gutes Licht auf unseren Charakter wirft, wenn wir unser Temperament zügeln oder über Unrecht hinwegsehen. Die Entscheidung, sanft und gnädig zu reagieren (oder in Rebekkas Fall: überhaupt nicht zu reagieren), spiegelt unseren barmherzigen, liebenden Gott wider. Er hat uns aus Gnade vergeben und gibt uns eine zweite Chance, die auch *wir* brauchen.

Zum Nachdenken

- **Wie reagierst du, wenn Leute unfreundliche Dinge sagen oder tun? Reagierst du mit Wut oder mit Freundlichkeit bzw. Gelassenheit?**

- **Inwiefern wird durch unsere Art zu reagieren unser eigenes Herz sichtbar?**

CHALLENGE FÜR DICH

Wer hat dich in letzter Zeit verletzt? Gib dieser Person eine zweite Chance, indem du von Herzen freundlich zu ihr bist.

72

Deine eigenen Träume

Kendra

Dies ist mein Gebot: Ihr sollt einander so lieben, wie ich euch geliebt habe.

Johannes 15,12 (GN)

„Bist du bereit, Tochterherz?“ Hannas Vater stand an der Tür und hatte den Schlüssel fürs Familienauto in der Hand.

Hanna nickte und zog die Schnürsenkel der alten Fußballschuhe ihres Bruders fest. Ihre beiden Brüder spielten Fußball, und nachdem sie mehrere Monate mit ihnen zu Hause trainiert hatte, wollte Hanna nun unbedingt den Fußballverein ausprobieren. Ihre einzige Unsicherheit war, ob sie das alleine schaffen würde, denn keine ihrer Freundinnen wollte mit ihr zum Probetraining kommen.

„Ich bin stolz auf dich, dass du es versuchst, Hanna, egal, was dabei rauskommt“, sagte ihr Vater, als sie auf dem Parkplatz ankamen, wo das Probetraining stattfand.

Der Vormittag lief für Hanna besser als erwartet. Sie war gerne auf dem Feld. Und bereits in der darauffolgenden Woche wurde sie in die Mannschaft aufgenommen. Hanna freut sich riesig! Als sie einige Zeit später beim ersten Saisonspiel dabei war, standen ein paar Freundinnen am Spielfeldrand und feuerten sie an. Auch sie freuten sich, dass Hanna etwas gefunden hatte, was ihr richtig Spaß machte.

Es kann vorkommen, dass keine deiner Freundinnen sich für das begeistern lässt, was du machen möchtest. Dann ist es total okay, trotzdem deiner Leidenschaft nachzugehen. Jede von uns sollte die Freiheit haben, das zu tun, worin sie gut ist, in der Schule, im Sport, in der Musik, in Vereinen, in Theatergruppen, je nachdem, welche Aktivitäten uns zur Verfügung stehen. Gute Freunde sollten dich ermutigen und motivieren, deine Träume zu verfolgen, genauso wie du sie ermutigen solltest, auch wenn sie sich für andere Dinge interessieren als du. Die Bibel fordert uns auf, einander so zu lieben, wie Gott uns geliebt hat. Das können wir zum Beispiel tun, indem wir die Aktivitäten und Interessen unserer Freunde unterstützen und uns mit ihnen über ihre Erfolge freuen.

Zum Nachdenken

- **Welche Aktivitäten machen dir Spaß? Unterscheiden sie sich von den Lieblingsbeschäftigungen deiner Freunde?**
- **Wie kannst du eine Freundin dabei unterstützen, ihren eigenen Traum wahr zu machen?**

CHALLENGE FÜR DICH

Unterstütze eine Freundin bei der Umsetzung ihres eigenen Traums bzw. ihres Zieles.

FREUNDSCHAFT IN AKTION

Organisiere ein Freundinnentreffen. Dann fertigt jede ihr eigenes „Traum-Plakat“ an mit Dingen, die ihr gerne tun würdet, Lieblingsbibelversen und Zukunftsplänen zum Thema Beruf, Lebensziele und -träume. Verwendet dabei Filzstifte, Malfarbe, Fotos, Ausschnitte aus Zeitschriften oder was euch sonst noch einfällt – je kreativer, desto besser!

73

Vertrauenswürdig sein

Julie

Ein Mensch, der jedes Gerücht weiterträgt, plaudert auch Geheimnisse aus; ein vertrauenswürdiger Mensch behandelt sie vertraulich.

Sprüche 11,13 (GN)

„Habt ihr gehört, dass Tine in der Matheklausur eine Vier bekommen hat?" Noch bevor Lina den Satz zu Ende gesprochen hatte, war ihr klar, dass das ein Fehler war.

Lina wünschte, sie könnte die letzten zehn Sekunden zurückspulen. Sie hatte nicht vorgehabt, den anderen Mädchen in der Cafeteria von der schlechten Mathenote ihrer Freundin zu erzählen. Die Worte waren ihr einfach herausgerutscht, als sie darüber sprachen, wie streng Herr Schmidt als Mathelehrer war und wie schwer seine Klausuren. Lina fühlte sich schrecklich. Sie hatte die Schwäche ihrer Freundin in Mathe bloßgestellt.

Es ist total leicht, Sachen über andere zu erzählen, die weder schmeichelhaft noch nett sind, selbst wenn sie der Wahrheit entsprechen. Viele Mädchen tun das leichtfertig die ganze Zeit, wahrscheinlich ohne wirklich über ihre Worte nachzudenken. Doch Jesus möchte nicht, dass wir so handeln.

Vielmehr ist es wichtig, dass wir auf unsere Zunge aufpassen und die unangenehmen Geschichten unserer Freunde nicht dem Spott oder dem Gelächter der anderen aussetzen. Wenn eine Freundin uns Dinge anvertraut hat, die sie verletzlich machen, sollen wir damit achtsam umgehen und die Freundin schützen, indem wir die Sache nicht weitererzählen.[1] Um herauszufinden, ob du etwas weitergeben solltest oder nicht, stelle dir folgende Fragen:

1 Es sei denn, eine Freundin erzählt uns Sachen, die nicht geheimgehalten werden sollten. Auf Seite 16f. erfährst du, wie du mit solchen Situationen umgehen kannst.

- Ist es wahr?
- Ist es freundlich?
- Ist es notwendig?

Lautet die Antwort auf eine oder mehrere dieser Fragen „Nein“, solltest du am besten nichts erzählen. In den biblischen Sprüchen finden wir den Tipp, dass wir die Menschen am besten ihre eigenen Geschichten erzählen lassen, so geben wir nicht aus Versehen etwas Verletzendes preis.

Zum Nachdenken

Hat jemand schon mal etwas über dich weitererzählt, was nicht für die Öffentlichkeit gedacht war? Hast du dieser Person danach noch mal etwas Persönliches anvertraut?

Ruf dir eine Situation in Erinnerung, in der du etwas Vertrauliches über jemanden weitererzählt hast. Wie hat sich die andere Person vermutlich dabei gefühlt?

CHALLENGE FÜR DICH

Anstatt Geschichten über andere Leute zu erzählen, gewöhn dir an, Fragen zu stellen, die deine Mitmenschen dazu bringen, ihre eigenen Geschichten zu erzählen. Oftmals erzählen die Menschen gerne ihre Geschichten, wenn du Interesse zeigst.

74

Tränen in der Schuldisco

Kristin

Seid ganz herzlich und teilnahmsvoll in der Liebe zu den anderen Christen. Begegnet einander zuvorkommend und mit Respekt!

Römer 12,10 (DB)

„Genieß den Abend, mein Schatz! Ich hole dich um neun ab", rief Luises Mutter, als ihre Tochter die Autotür öffnete und auf den Bürgersteig sprang.

„Danke, Mama!" Etwas entfernt konnte Luise ihre Freundinnen Talitha und Christina am Eingang der Schule stehen sehen. Die Sechstklässler-Schuldisco sollte gleich beginnen.

Als die Bässe wummerten und die Lichtstrahlen von der Discokugel durch die ganze Turnhalle hin und her geworfen wurden, sah Luise eine andere Freundin: Jennifer eilte gerade mit Tränen in den Augen aus dem Raum. Viel lieber hätte Luise einfach weitergetanzt und sich mit Talitha und Christina unterhalten, aber Jennifer brauchte sie. Also verließ sie die Turnhalle und suchte die Freundin, um ihr zu helfen.

Jennifers Tränen flossen, weil die Freundschaft zu einem anderen Mädchen kaputtgegangen war. Luise nahm Jennifer in den Arm und tröstete sie. Dabei dachte sie darüber nach, wie froh sie war, dass ihre engen Freunde sie nie mit Worten fertigmachten.

Manchmal lösen Freundschaften Tränen aus. Wir können den Schmerz nie ganz von uns fernhalten, aber wenn wir unsere Freunde klug auswählen, können wir manche Enttäuschung im Leben verringern. Wir selbst sollen andere bewusst mit der gleichen Liebe und dem Mitgefühl behandeln, die Jesus uns schenkt. Dann sind wir selbst sichere Freundinnen. Sichere Freundschaften sind solche, in denen die Freunde einander mit Freundlichkeit und Respekt behandeln. Sichere Freunde reden nicht hinter dem Rücken übereinander; sie sind ehrlich und vertrauenswürdig. Sichere Freunde lassen keinen Freund Außenseiter sein und zwingen uns nicht, von zwei Freunden einen zu bevorzugen. Stattdessen bemühen sie sich, andere einzubeziehen, und behandeln jeden mit Respekt. Wenn es zu Missverständnissen kommt, gehen sichere Freunde erst mal vom Besten aus, sagen Entschuldigung und bemühen sich, das Problem zu lösen. Sichere Freunde sind diejenigen, die uns trösten, wenn wir traurig oder verletzt sind.

Zum Nachdenken

- **Denke mal über deine Freundinnen nach: Sind sie sicher oder unsicher? Kannst du dich auf deine Freundinnen verlassen und sicher sein, dass sie keine Gerüchte über dich verbreiten werden? Reden deine Freundinnen freundlich mit dir oder machen sie dich runter und geben dir ein schlechtes Gefühl?**

- **Bist du selbst eine sichere Freundin?**

CHALLENGE FÜR DICH

Sei eine sichere Freundin: Ermutige und tröste deine Freundin, stärke ihr den Rücken und hilf ihr, wenn sie dich braucht.

FREUNDSCHAFT IN AKTION

- **Bastele für deine Freundin eine „Notfallpackung“: Nimm eine Packung Papiertaschentücher und klebe einen tröstlichen Bibelvers darauf (z. B. Josua 1,9; 5. Mose 31,8; Matthäus 11,28 oder Psalm 121,1-2).**
- **Erstelle eine Playlist für eine Tanzparty. Trommle ein paar Freunde oder Geschwister zusammen und dreht die Musik laut auf!**

75

Jemanden verteidigen

Kendra

Wer unüberlegt redet, der verletzt andere,
die Worte der Weisen aber sind wie Balsam.

Sprüche 12,18

„Was, diese Schule? Die ist doch echt kacke."

„Genau. Da gehen nur Leute hin, die polizeibekannt sind."

Beim Aufwärmen fürs Training in ihrem Sportverein hörte Rieke dieses Gespräch zweier Mannschaftskameraden über eine nahe gelegene Schule mit, die anscheinend schrecklich war. Es machte sie ganz traurig, das zu hören, und sie wusste nicht, wie sie reagieren sollte. Denn es war Riekes Schule! Ihr war bekannt, warum die anderen so über ihre Schule dachten, und sie hatte schon manchmal solche Kommentare gehört. Ihre Schule war sehr bunt gemischt, es gab Schüler aller Hautfarben. Manche Leute fanden das schlimm, aber Rieke liebte ihre Schule und die anderen Schüler. Sie hatte viele gute Freunde und fand es schade, dass andere so schlecht über ihre Schule dachten.

Mit einem Seufzer beschloss Rieke schließlich, dass sie heute etwas dagegen sagen wollte. „Ich gehe auf diese Schule", sagte sie.

Die anderen schauten ein wenig verlegen und hörten ihrer Erklärung zu, warum sie ihre Schule mochte. Jetzt nickten sie verständnisvoll. Ein Mannschaftskamerad entschuldigte sich sogar und sagte, er habe das nicht gewusst.

Danach fühlte sich Rieke gut, weil sie ihre Schule und ihre Freunde verteidigt hatte. Sie war überzeugt, dass sie in diesem Moment das Richtige getan hatte: ehrlich und ohne Wut einfach die Wahrheit zu sagen. Es hatte die anderen dazu gebracht, über ihre Worte nachzudenken und dass so etwas verletzend auf andere wirken kann.

Wir alle machen immer mal wieder unbedachte Bemerkungen, auch wenn es wichtig ist, dass wir auf unsere Worte achten. Wir möchten kluge Worte sagen, die auf andere heilsam wirken, nicht niederschmetternde Worte, die andere fertigmachen. Eine wertvolle Eigenschaft einer Freundin ist es, dass sie in ihrem Reden vertrauenswürdig ist und auf gute Weise für das Richtige eintritt.

Zum Nachdenken

- **Hast du schon mal jemanden ganz klar und deutlich verteidigt? Was ist danach passiert?**

- **Was bedeutet es aus deiner Sicht, klug mit deinen Worten umzugehen, anstatt andere mit Worten fertigzumachen?**

CHALLENGE FÜR DICH

Wenn du das nächste Mal mitbekommst, dass jemand einen Freund oder Bekannten von dir runtermacht, setze deine Worte klug ein und verteidige diese Person auf eine gute Art und Weise.

76

Einzige Gemeinsamkeit: Jesus

Julie

Lebt in Frieden miteinander.

Römer 12,16

„Wie sind wir eigentlich Freundinnen geworden?" Enja lachte, als Cora aus dem Auto sprang und auf sie zukam. „Du strahlst ja heller als der Sonnenaufgang!"

„Ich weiß, danke. Diese neuen Schuhe sind echt abgefahren!" Cora grinste. „Aus dir werde ich auch noch ein Modepüppchen machen! Bist du aufgeregt vor deinem Basketballspiel heute? Danke, dass du mich eingeladen hast. Es ist cool, dich spielen zu sehen!"

Enja und Cora sind beste Freundinnen. Aber wenn du sie fragst, was sie gemeinsam haben, antworten beide: Nur Jesus! Cora liebt Glitzer und Mode. Enja liebt Kapuzenpullis und Sportklamotten. Cora lockt ihr Haar jeden Tag. Enja hat immer einen Pferdeschwanz. Cora mag Theater. Enja liebt Sport.

Cora und Enja feiern ihre Unterschiede, anstatt die andere oder sich selbst zu etwas zu zwingen, was ihr nicht entspricht. Gerade ihre Unterschiede machen es ihnen möglich, Situationen aus einer anderen Perspektive zu sehen und Erfahrungen zu machen, die sie sonst nicht gemacht hätten. Weil sie einander so akzeptieren, wie sie sind, ist ihre Freundschaft etwas ganz Besonderes. Ihren Geschmack nehmen sie mit viel Humor (ohne bösen Unterton) und lernen neue Fähigkeiten, indem sie abwechselnd die Hobbys und Interessen des anderen unterstützen.

Wie langweilig wäre die Welt, wenn wir alle die gleichen Dinge mögen, die gleichen Gedanken denken und die gleichen Interessen pflegen würden! Freunde zu finden, die andere Interessen und Talente haben als wir selbst, ist eine großartige Möglichkeit, die Welt aus der Perspektive eines anderen zu sehen, vor allem, wenn beide mit Jesus leben.

In Harmonie mit anderen zu leben, bedeutet nicht, dass wir genau gleich sein müssen. Vielmehr hat Gott uns individuell einzigartig gemacht, mit unterschiedlichen Interessen und Begabungen. Anstatt uns immer anpassen zu wollen, lasst uns die Einzigartigkeit feiern, mit der Gott uns und die Menschen um uns herum gemacht hat!

Zum Nachdenken

- **Welche Hobbys oder Interessen haben deine Freundinnen? Was davon ist absolut nicht dein Ding?**

- **Kennst du jemanden mit einem besonderen Hobby, über das du vielleicht gerne mehr erfahren würdest?**

CHALLENGE FÜR DICH

Suche das Gespräch mit einem Mädel, das du nicht so gut kennst. Frag nach ihren Hobbys oder Interessen, und interessiere dich dafür, auch wenn es nicht deine eigenen Leidenschaften sind.

77

Tiefere Schichten

Kristin

Urteilt nicht nach dem äußeren Eindruck.
Johannes 7,24 (NeÜ)

Als Fiona am ersten Tag des Schuljahres in der Klassenzimmertür stand, sah sie sich zögernd im Raum um.

„Du kannst hier sitzen", sagte Mathilda, die ihren Blick kreuzte und auf den leeren Platz neben sich zeigte. Fiona war überrascht, nahm das Angebot aber an und schenkte Mathilda ein dankbares Lächeln, als sie sich auf den Platz setzte. Zwar kannte Fiona Mathilda, aber sie waren nicht befreundet. Mathilda war hübsch, stylish angezogen und gehörte zu den beliebten Leuten, während Fiona einen ganz anderen Freundeskreis hatte. Sie hatte Mathilda nie als mögliche Freundin in Betracht gezogen, weil sie davon ausging, dass Mathilda eher oberflächlich und doof war.

Als die Unterrichtsstunde zu Ende war, nahm sie ihre Hefte und Bücher und ging zur Tür.

„Fiona!", rief jemand. Es war Mathilda. „Hey, wollen wir zusammen zum Mittagessen gehen?", fragte sie, als sie Fiona erreicht hatte.

Obwohl Fiona nicht wusste, was Mathilda dazu brachte, ihre Freundschaft zu suchen, war sie neugierig und stimmte zu. Während des Mittagessens stellte Fiona fest, dass sie mit Mathilda viel mehr gemeinsam hatte als erwartet. Solange sie Mathilda nur nach ihrem hübschen Gesicht, den schicken Klamotten und dem coolen Freundeskreis beurteilt hatte, war ihr nicht aufgefallen, wie klug und witzig sie war.

Die Bibel empfiehlt uns, nicht nach dem Äußeren zu urteilen, weil es nur einen Teil des Menschen zeigt. Nur wenn wir bereit sind, mehr von der Person wahrzunehmen als Kleidung oder Frisur, können wir herausfinden, wer sie wirklich ist. Durch echte Gespräche können wir herausfinden, wie jemand im Inneren wirklich ist. Wahre Weisheit zeigen wir dann, wenn wir jemanden richtig kennenlernen, bevor wir beurteilen, ob er oder sie ein guter Freund sein könnte. Manchmal erleben wir dabei vielleicht Überraschungen wie Fiona!

Zum Nachdenken

- **Hast du jemanden schon mal innerlich beurteilt und in eine Schublade gesteckt, aber später herausgefunden, dass diese Schublade gar nicht gestimmt hat?**

- **Hat dich schon mal jemand vorschnell beurteilt, ohne sich die Zeit zu nehmen, dich näher kennenzulernen? Wie hast du dich dabei gefühlt?**

CHALLENGE FÜR DICH

Führe ein Gespräch mit jemandem, den du schon einmal gesehen, mit dem oder der du aber noch nie gesprochen hast.

78

Respektvoll sein

Kendra

Verzichtet auf schlechtes Gerede, sondern was ihr redet, soll für andere gut und aufbauend sein, damit sie im Glauben ermutigt werden.

Epheser 4,29

„Manchmal ist sie nicht nett zu mir“, erzählte Edda ihrem Vater eines Abends nach dem Essen. „Dann ärgert sie mich sogar vor den anderen. Das tut weh.“

Eddas Vater nickte verständnisvoll. „Weißt du eigentlich, warum Georg und ich so gute Freunde sind?“, fragte er.

Edda schüttelte den Kopf.

„Weil er keine blöden Sprüche über meine Glatze macht und ich ihn nicht damit aufziehe, dass er so klein ist. So verhalten sich gute Freunde. Sie bauen sich gegenseitig auf, anstatt einander fertigzumachen.“

Der Vater erklärte weiter, dass Georg und er sich in dieser Frage absolut einig waren: Sie würden sich nie über den anderen lustig machen, sondern immer respektvoll miteinander umgehen.

„Manchmal verwenden sogar Erwachsene solchen Humor, mit dem sie andere niedermachen, anstatt sie aufzubauen. Ich habe mir vorgenommen, nicht so ein Freund zu sein“, sagte er. „Vielleicht könntest du ja mit dieser Freundin über ihre unfreundlichen Bemerkungen reden. Es könnte sein, dass ihr gar nicht klar ist, was sie da tut und dass es dich verletzt. Vielleicht hört sie dann auf.“

Edda war mit diesem Ratschlag ihres Vaters einverstanden und wollte mit ihrer Freundin reden.

An Freundschaften muss jeder arbeiten. Wenn wir uns schon früh im Leben gute Gewohnheiten zulegen, bleiben sie uns auch für später erhalten. Such dir Freunde, die dich und andere respektvoll behandeln, aufbauen anstatt runtermachen. Sei selbst auch so eine Freundin, das ist eine wertvolle Eigenschaft für Freundschaften.

Die Bibel gibt uns denselben Rat wie Eddas Vater: Schlechtes Gerede sollen wir bleiben lassen, sondern vielmehr gute und aufbauende Worte gebrauchen, die andere ermutigen. Genau das ist die Definition eines guten Freundes. Geben wir uns also Mühe, respektvoll mit anderen umzugehen.

Zum Nachdenken

- **Was kennzeichnet für dich einen respektvollen Umgang?**
- **Hast du schon mal erlebt, dass eine Freundin dich immer wieder geärgert hat? Wie ging es weiter?**
- **Hast du eine gute Freundin, die dich aufbaut? Auf welche Art tut sie das?**

CHALLENGE FÜR DICH

Ermutige heute eine Freundin mit ganz konkreten Worten. Beispiele: „... hast du super gemacht!“ oder „Ich bewundere an dir, dass du ...“

FREUNDSCHAFT IN AKTION

Nimm kleine Klebezettel (für jede Freundin einen) und schreibe darauf, welche gute Eigenschaft oder Stärke du in dieser Freundin siehst. Klebe die Zettel deinen Freundinnen nun heimlich ins Federmäppchen oder die Schultasche. Ein paar Beispiele:
Du bist echt gut in Mathe.
Du bist so hilfsbereit!
Du kannst richtig gut zuhören.
Ich bin froh, dass du meine Freundin bist!

79

Die Entschuldigung

Julie

Bemüht euch, im Geist eins zu sein,
indem ihr untereinander Frieden haltet.

Epheser 4,3

„Glaubst du, dass Ria sich ausgeschlossen gefühlt hat?“, fragte Mila Helene in der großen Pause.

Helene nickte und schämte sich für ihr Verhalten. Helene und Mila sind beste Freundinnen und lieben es, zusammen abzuhängen, vor allem, wenn sie irgendwo sind, wo sie nicht viele Leute kennen. Helene hatte Mila zum Nachbarschaftspicknick in ihrem Hinterhof eingeladen, doch dann hatten die beiden sich zum Quatschen allein in den riesigen Kletterbaum in ihrem Vorgarten verzogen. Später hatten sie sich auch noch in den Fliedersträuchern versteckt, obwohl Ria, ihre relativ neue Nachbarin und Klassenkameradin, auch dort war. Zwar hatte Helene bemerkt, dass Ria niemanden zum Reden hatte, aber das hielt sie nicht davon ab, sich mit Mila zu verstecken.

Es war Helene klar, dass sie sich bei Ria entschuldigen musste. Darum klopfte sie am nächsten Nachmittag an Rias Tür und sagte ihr aufrichtig und ohne Ausreden, wie leid es ihr tat, dass sie sie ausgeschlossen hatten. „Gibst du mir noch eine Chance, eine bessere Freundin zu sein?“, fragte Helene. Ria nahm die Entschuldigung an, und die Mädchen sprachen noch darüber, wie schwer es ist, wenn man sich ausgeschlossen fühlt.

„Komm doch morgen in der Pause zu Mila und mir!“, schlug Helene beim Gehen vor.

Es fällt uns nicht leicht, zu erkennen und zuzugeben, wann wir auch unabsichtlich jemanden verletzt haben. Das liegt unter anderem daran, dass wir demütig werden und uns eingestehen müssen, dass wir im Unrecht waren. Aber Jesus wünscht sich, dass wir den Menschen Frieden bringen und ein Gemeinschaftsgefühl vermitteln, keine

Ausgrenzung und Verletzungen. Wenn wir jemanden ausgrenzen, ist es richtig, uns zu entschuldigen und es beim nächsten Mal besser zu machen.

Zum Nachdenken

- **Frage einen Erwachsenen deines Vertrauens, wann er oder sie sich schon einmal bei einem Freund entschuldigen musste. Wie hat der Freund/die Freundin darauf reagiert?**

- **Denke mal über Situationen nach, in denen jemand sich bei dir entschuldigt hat. Wie war das für dich? Wann wirkte die Entschuldigung unehrlich?**

CHALLENGE FÜR DICH

Solltest du dich heute vielleicht bei jemandem für etwas entschuldigen? Willst du Gott wegen einer Sache heute um Vergebung bitten?

80

Bucket-List für deine Freundschaften

Kristin

Darum empfehle ich allen, das Leben zu genießen, denn es gibt für den Menschen nichts Besseres auf der Welt, als zu essen und zu trinken und fröhlich zu sein. Das wird ihn bei seiner Mühe begleiten das kurze Leben hindurch, das Gott ihm gegeben hat.

Prediger 8,15 (Hfa)

„Was wollen wir dieses Jahr unbedingt noch erleben?", fragte Almas Vater eines Morgens, als sie und ihre Schwestern frühstückten.

„Den größten Süßigkeitenladen sehen!", rief die Älteste. Das Naturkunde-Museum, ein Theaterstück, ein Straßenumzug, die Liste wurde immer länger.

„Alma, was möchtest du noch auf die Liste schreiben?", fragte ihr Vater mit dem Stift in der Hand.

Alma dachte kurz nach. „Eis zum Frühstück!", sagte sie schließlich.

Jeden Sommer erstellt Almas Familie eine Liste mit den Sachen, die sie unbedingt erleben möchten, eine sogenannte „Bucket-List". Sie schreiben gemeinsam auf, welche Aktivitäten und Abenteuer sie im Laufe des Sommers unternehmen wollen. Dann hängen sie die Liste an ihren Kühlschrank und verbringen die nächsten drei Monate damit, die Punkte von der Liste abzuhaken.

Die Familien-Bucket-List hilft den Mädchen auch, ihre Freundschaften zu stärken. Bei ihrer Schnitzeljagd war eine Freundin von Almas Schwester Nora dabei und ihre gemeinsame Freundin Lisa hat schon viele Stunden mit ihnen das Leiterspiel gespielt (eine lebensgroße Version aus Kreide in der Einfahrt). Als Familie laden sie Freunde zu einer Burger-Party oder einem Lagerfeuer mit Stockbrot ein.

Gott möchte, dass wir die schöne, von ihm geschaffene Welt genießen. Ganz sicher werden wir in unseren Freundschaften auch mal schwere Zeiten erleben, aber diese Zeiten werden ausgeglichen durch die Freude und Liebe, die Freundschaften uns schenken. Als Christen sollten wir zuallererst Gott für das Geschenk seiner Schöpfung danken. Danach dürfen wir uns Möglichkeiten einfallen lassen, wie wir dieses Leben gemeinsam mit unseren Freunden feiern, indem wir die Natur genießen, neue Orte erkunden und das Abenteuer suchen.

Zum Nachdenken

- **Was ist das Lustigste, was du bisher mit einer Freundin unternommen hast?**

- **Welches Abenteuer würdest du gerne mal mit einer Freundin erleben?**

CHALLENGE FÜR DICH

Schreibe auf eine „Bucket-List" Dinge, die du mit deinen Freunden gern machen willst. Klebe die Liste zur Erinnerung an deine Zimmer- oder Kleiderschranktür.

FREUNDSCHAFT IN AKTION

Erstelle zusammen mit deinen Freundinnen eine „Bucket-List" und notiert eure Ideen, zum Beispiel:

- interessante Orte in eurer Stadt oder Region, die ihr besuchen wollt
- spannendes Essen, das ihr noch nie gegessen habt, probieren
- Spiele und Filme
- Hilfsangebote für andere Leute
- Kunstwerke oder kreative Projekte
- Abenteuer, die kein oder nur wenig Geld kosten

PS: Geht die Liste auf jeden Fall mit einem Elternteil oder anderen Erwachsenen durch, um zu sehen, ob die Sachen machbar sind, und natürlich: Hängt sie gut sichtbar auf!

81

Jesus, dein bester Freund

Julie

Wenn du vom Licht erfüllt bist und keine Bereiche mehr dunkel in dir sind, dann wird dein ganzes Leben leuchten, als würde ein strahlendes Licht auf dich scheinen.

Lukas 11,36

Felina betete: „Jesus, du kennst mein Herz. Du weißt, ich hasse dieses Schuljahr! Alle anderen haben viel Spaß, aber ich bin unglücklich und einsam. Ich möchte auch so gerne dazugehören und Freunde haben, auch wenn die Sachen machen, die ich eigentlich falsch finde." Felina wischte ihre Tränen an ihrem Kissen ab, während sie betete.

Am nächsten Morgen beschloss Felina, Jesus zu ihrem besten Freund zu machen. Sie fing an, jeden Tag Bibel zu lesen, und redete ständig mit Jesus. Unter der Dusche. Beim Gassigehen mit dem Hund. Auch wenn sie kreativ war, z. B. beim Zeichnen. Sie erzählte ihm, wovor sie Angst hatte, was ihr Sorgen bereitete, ihre Träume und ihre Fehler. Während Felina Jesus besser kennenlernte, wurde ihr klar, dass einige Videos, die sie manchmal anschaute, wenn ihre Eltern nicht zu Hause waren, Jesus ganz sicher nicht gefielen. Dort wurden schlimme Ausdrücke benutzt, die sie sich auch langsam angewöhnte. Weil alle anderen diese Videos schauten, hatte Felina sie sich auch angesehen. So hatte sie in der Pause mitreden können und sich nicht so ausgeschlossen gefühlt. Felina sagte zu Jesus, dass es ihr leidtat, und hörte mit den Videos auf.

Hast auch du schon erlebt, dass du dich wie Felina als Außenseiterin gefühlt hast, weil Mitschüler und Freunde schlechte Sachen taten? Felina traf die richtige Entscheidung, als sie Jesus erzählte, wie es ihr ging, und mehr Zeit mit Jesus verbrachte. Er liebt uns bedingungslos! Das bedeutet: *Nichts*, was wir jemals sagen oder tun, könnte seine Liebe zu uns schmälern. Und weil er uns so sehr liebt, gibt er uns Hilfen, wie unser Leben vom Licht der Wahrheit und seiner Güte erfüllt werden kann. Jesus bittet uns deshalb, dass wir solche schlechten Verhaltensweisen vermeiden, die uns körperlich oder seelisch verletzen. Er will uns schützen.

Auch dich liebt Jesus so sehr, dass er bereits lange vor deiner Geburt für dich ans Kreuz gegangen ist, damit all deine Fehler und all deine Lasten ausgetilgt werden können. Er ist der beste Freund, den du dir nur wünschen kannst!

Zum Nachdenken

Hast du einen Lieblingsplatz zum Beten? Zu welchen Zeiten und an welchen Orten kannst du am leichtesten mit Jesus reden? Gibt es in deinem Leben auch Dinge, bei denen du das Gefühl hast, sie tun dir nicht gut und Jesus gefällt es nicht?

CHALLENGE FÜR DICH

Such dir einen ungestörten Ort zum Bibellesen. Rede mit Jesus über alles, was in deinem Leben so los ist. Bitte ihn, dir Bibelverse zu zeigen, die dich durch die Woche führen.

82

Freu dich mit!

Kendra

Freut euch zusammen mit denen, die Freude erleben, und weint mit denen, die trauern.

Römer 12,15 (DB)

„Du bist anders", stellte Amira eines Tages fest.

„Was meinst du damit?", fragte ihre Freundin Elisa.

„Du freust dich tatsächlich für mich, wenn ich dir etwas erzähle, was bei mir gut geklappt hat."

„Natürlich freue ich mich! Du bist doch meine Freundin!", antwortete Elisa.

„Nicht alle Mädchen freuen sich für mich", sagte Amira achselzuckend.

Elisa wusste, dass das stimmte. Manchmal schienen die anderen sich nicht über Amiras Erfolge zu freuen oder wollten nichts davon hören. Doch Amira war eine gute Freundin für Elisa. Sie hörten einander zu, trösteten sich gegenseitig, wenn sie traurig waren, teilten ihre Gedanken und Gefühle und motivierten einander. Amira freute sich ehrlich mit, wenn in Elisas Leben etwas Gutes passierte, genauso wie Elisa sich für Amira mitfreute. Das war ein Grund dafür, weshalb ihre Freundschaft so stark war.

Es kann passieren, dass unsere eigenen Unsicherheiten oder die der anderen uns daran hindern, uns für andere mitzufreuen. Vielleicht sind wir neidisch auf etwas, was eine Freundin hat, tut oder erreicht hat. Zwar ist es normal, sich manchmal etwas zu wünschen, was andere haben, aber unsere Reaktion auf das Glück eines anderen sollte sein, dass wir uns mitfreuen. Die Bibel sagt, dass wir uns mit den Fröhlichen mitfreuen und mit den Trauernden mitweinen sollen. Selbst wenn wir uns etwas wünschen, was ein anderer erhalten hat, können wir uns bewusst mitfreuen. Der Neid ist in unserer Gesellschaft weit verbreitet, die Leute wollen oft das besitzen, was ein anderer hat. Aber so müssen wir nicht leben. Stattdessen können wir uns für unsere Freunde mitfreuen und gleichzeitig darauf vertrauen, dass Gott auch für uns gute Dinge bereithält!

Zum Nachdenken

- **Warst du schon mal neidisch auf eine Freundin? Wie bist du damit umgegangen?**

CHALLENGE FÜR DICH

Feiere mit einer Freundin, die kürzlich einen Erfolg hatte. Bring ihr einen Kuchen oder eine Überraschung vorbei.

FREUNDSCHAFT IN AKTION

Feiere jemanden! Wenn eine Freundin Geburtstag hat, ruf sie an, backe einen Kuchen oder mach ihr ein kleines Geschenk. Wenn es einen Erfolg zu feiern gibt, gib ihr einen Applaus, gratuliere ihr oder organisiere eine Überraschungsparty. Du könntest auch eine Wimpelkette basteln und ihr Zimmer damit dekorieren.

83

Umgang mit Konflikten

Julie

Ich aber sage: Liebt eure Feinde! Betet für die, die euch verfolgen! So handelt ihr wie wahre Kinder eures Vaters im Himmel.

Matthäus 5,44-45

„Mama!“ Natalie stürmte durch die Eingangstür. „Die Jungs haben sich schon wieder geprügelt!“

Nachdem ihre Mutter sich mal wieder eine Geschichte von Natalie und ihren Freundinnen angehört hatte, die sich in der Kantine mit einer Gruppe Jungs angelegt hatten, fragte sie: „Schatz, wofür kämpfst du eigentlich? Meinst du, Gott möchte, dass du diesen Kampf kämpfst?“

Verwirrt hielt Natalie eine Weile inne, bevor sie sagte: „Wir mögen sie nicht, weil sie immer Ärger machen. Heute haben sie mit Essen geworfen. Igitt! Wir setzen die Regeln durch.“

„Hmm. Aber warum überlasst ihr es nicht den Lehrern und Betreuern in der Kantine, sich um diese Jungs zu kümmern? Vielleicht brauchen sie anstelle von Konfrontation jemanden, der freundlich zu ihnen ist.“

Als Natalie eine Denkpause einlegte, stellte ihre Mutter noch eine Frage: „Du hast doch Jesus lieb. Wo ist *er* in diesem Kampf?“

Diese Fragen führten zu einem wichtigen Gespräch darüber, was es bedeutet, so zu leben, dass man den Mitschülern Jesus zeigt. Man muss entscheiden, welche Kämpfe Jesus von uns verlangt und aus welchen wir uns besser raushalten sollen.

Das ist eine ziemlich heikle Frage. Woher sollen wir die Antwort darauf wissen?

Manchmal bittet Jesus uns, seine Liebe widerzuspiegeln, anstatt zu kämpfen. Das ist nicht immer leicht zu erkennen, besonders wenn unsere Gefühle betroffen sind. Die wichtigste Frage ist: „Macht dieser

Konflikt Gott Ehre?“ Wenn nicht, ist es vielleicht nicht unsere Aufgabe, diesen Kampf zu führen. Auf jeden Fall sollen wir immer dran denken, dass wir Kinder Gottes sind und in allen Kämpfen weise sein müssen. Lieben wir unsere Feinde, wenn wir uns mit ihnen streiten? Könnten wir anders reagieren ohne Kampf?

Zum Nachdenken

- **Bist du an Konflikten beteiligt, in denen du deine Rechte einforderst, oder verteidigst du die Rechte einer anderen Person?**

- **Wie kannst du Konflikte auf eine Weise angehen, die Gott ehrt?**

CHALLENGE FÜR DICH

Bitte Gott, dir die Kämpfe zu zeigen, in die du verwickelt bist, wo er jedoch nicht von dir verlangt zu kämpfen. Überlege dir, wie du diese Konflikte mit Freunden und Klassenkameraden auf eine Weise lösen kannst, die Gott ehrt.

84

Baut euch gegenseitig auf!

Kristin

Wir sollen uns so verhalten, dass es dem andern hilft und er dadurch im Glauben ermutigt wird.

Römer 15,2

Chayenne musste im Laufe ihrer Schulzeit mehrmals die Schule wechseln. Dadurch waren ihre schulischen Leistungen schlecht und sie hatte Schwierigkeiten mit dem Lesen. In dem Jahr, in dem sie adoptiert wurde, bekam sie ein neues Zuhause, aber auch wieder eine neue Umgebung und eine neue Schule. Obwohl sie von Natur aus kontaktfreudig war, spürte sie dennoch eine Nervosität und die Sorge, ob sie schulisch wieder aufholen könne und ob sie neue Freunde finden würde.

Als Chayenne dann Tamara kennenlernte, war ihr sofort klar, dass Tamara auf gute Weise anders war. Tamara schaute nicht auf Chayenne herab wegen der Themen, die ihr in der Schule schwerfielen. Stattdessen unterstützte und ermutigte ihre neue Freundin sie. Wenn Chayenne einen Aufsatz schreiben musste, las Tamara die erste Fassung, lobte Chayennes Bemühen und gab ihr Feedback, bevor Chayenne die endgültige Fassung aufschrieb. Wenn Chayenne bei ihr übernachtete, las Tamara Gutenachtgeschichten vor, damit Chayenne gut einschlief und sich nicht allein fühlte. Sie spielten Computerspiele, aßen Chips mit Dip und verbrachten viel Zeit miteinander.

Im Römerbrief schreibt Paulus, dass wir uns als Christen gegenseitig aufbauen sollen. Das geht auf ganz verschiedene Arten. Du kannst einer Freundin sagen, wie froh du bist, sie zu sehen, du kannst mit ihr für Klausuren lernen oder gemeinsam an einem Projekt arbeiten. Es kann ein ehrliches Kompliment für eine gute Leistung sein oder für eine Eigenschaft, die du an deiner Freundin bewunderst. Du kannst ihr auch Mut zusprechen, wenn sie mal einen schlechten Tag hat.

Wenn wir uns gegenseitig ermutigen, stärkt das unseren Glauben und hilft uns, geistlich zu wachsen. Immer, wenn du eine Freundin aufbaust, erfüllst du ihre Bedürfnisse auf liebevolle Weise und ehrst gleichzeitig Gott.

Zum Nachdenken

- **Wer in deinem Leben kann dich gut aufbauen und ermutigen?**
- **Was meinst du: Warum ist es wichtig, deine Freunde aufzubauen und zu ermutigen?**
- **Überlege dir fünf Möglichkeiten, wie du eine Freundin aufbauen kannst.**

CHALLENGE FÜR DICH

Such eine der fünf Möglichkeiten aus, die du dir aufgeschrieben hast – dann tu es!

FREUNDSCHAFT IN AKTION

Organisiere mit ein paar Freundinnen ein „Geheimes Freundschaftswichteln“. Zuerst müsst ihr den Zeitraum festlegen, eine Woche oder einen Monat. Als Nächstes zieht jedes Mädchen in der Gruppe den Namen eines anderen Mädchens, hält diesen aber geheim. Jetzt tut jede ihrer Wichtelfreundin etwas Gutes: bei einer Woche jeden Tag; bei einem Monat einmal pro Woche. Ihr könnt euch kleine Geschenke machen, etwas Ermutigendes schreiben, was euch so einfällt! Am Ende wird verraten, wer die Wichtelfreundin war!

85

Was ist tief in deinem Herzen?

Kendra

Denn immer bestimmt ja euer Herz, was ihr sagt. Ein guter Mensch spricht gute Worte aus einem guten Herzen, und ein böser Mensch spricht böse Worte aus einem bösen Herzen.

Matthäus 12,34-35

Wütend veröffentlichte Livia einen gemeinen Post über ihre Freundin Mia. „Es ist unfassbar, dass Mia mich nicht zum Strand mitnimmt, aber dafür Antonia fragt“, sagte sie später zu ihrer Mutter.

„Schatz“, antwortete ihre Mutter, „ich weiß, wie gerne du mitgegangen wärst. Aber ihre Eltern hatten mir gesagt, dass sie nur für *eine* Freundin Platz im Auto haben.“

Sofort bekam Livia ein schlechtes Gewissen. Sie versuchte, den Post rückgängig zu machen, doch es war zu spät. Mia, Antonia und einige andere Freunde hatten ihre bösen Worte bereits gelesen. Livia entschuldigte sich, aber Mia war immer noch verletzt.

Manche Menschen benutzen die sozialen Medien, um Freundschaften zu schließen, Leute zu ermutigen, die einsam sind, oder sie organisieren Aktionen zur Unterstützung wichtiger Themen auf der Welt. Andere wiederum nutzen die sozialen Medien, um gemeine Dinge zu posten, Leute zu beschimpfen und sogar zu bedrohen.

Die Menschen trauen sich viel eher, negative Dinge in den sozialen Medien zu sagen, als jemandem dasselbe ins Gesicht zu sagen. Es ist, als ob man der anderen Person nicht in die Augen blicken müsste und sie somit nicht als echten Menschen wahrnimmt. Dadurch rutschen verletzende Worte schnell und unbedacht raus.

Als Freunde von Jesus sind wir jedoch zu besserem Verhalten berufen! Alles, was in unserem Herzen ist, kommt auch aus unserem Mund. Bedeutet das, dass wir nie gemeine Gedanken über andere Leute haben dürfen? Nein. Es heißt, dass wir bewusst steuern sollen, welche Gedanken sich in uns breitmachen, und dass wir gut auf unsere

Worte aufpassen sollen – sowohl offline als auch online. Dabei hilft die Faustregel: *Was ich einer Person nicht direkt ins Gesicht sagen würde, sollte ich auch nicht online schreiben.* Ich möchte als jemand bekannt sein, der Jesus liebt und meinen Mitmenschen seine Liebe zeigt, und zwar aus einem guten Herzen heraus. Du auch?

Zum Nachdenken

- **Hast du dich im Internet schon mal negativ über jemanden geäußert? Was ist dann passiert?**

CHALLENGE FÜR DICH

Wenn dir ein böser Spruch gegenüber jemandem auf der Zunge liegt, dann drück kurz die innerliche Pausetaste und überlege, ob diese Worte den anderen verletzen würden. Sag oder schreib sie nur, wenn sie nicht verletzend sind. Manchmal hilft es übrigens auch, nicht sofort auf etwas zu reagieren, sondern erst mal eine Nacht darüber zu schlafen.

86

Strebe nach Weisheit

Julie

Denn der Herr schenkt Weisheit! Aus seinem Mund kommen Erkenntnis und Einsicht.

Sprüche 2,6

„Manche Leute in der 6. Klasse sind ein ‚Pärchen'. Sie machen normalerweise nach einer Woche Schluss. Das verursacht so viel Liebeskummer! Meine Freundin Leonie sagt, ich soll mit Simon gehen. Das nervt! Wir sind nur normale Freunde. Ich will in der 6. Klasse keine Beziehung anfangen, aber sie ärgert uns ständig damit. Ich weiß nicht, was ich noch sagen soll, damit sie aufhört." Julie fühlte sich besser, als sie ihre Gedanken aufgeschrieben hatte. Sie teilte sich ein Tagebuch mit ihrer Mutter und wusste, dass ihre Mutter über ihre Antwort nachdenken würde, bevor sie zurückschrieb.

Julie und ihre Mutter haben dieses besondere Tagebuch seit etwa sechs Monaten. Sie hatten irgendwann die Idee gehabt, über schwierige Themen zu schreiben, anstatt direkt darüber zu sprechen, weil es Julie so lieber ist. Die beiden versprachen sich gegenseitig, die Worte des anderen in Ruhe zu lesen und vor dem Schreiben einer Antwort immer zuerst nachzudenken und zu beten.

Es gehört zu den wichtigsten Dingen, die man als Mensch tun sollte: Weisheit suchen! Das Leben ist manchmal ein großes Rätsel, und es ist normal, dass man Fragen hat zu Freundschaften, Schule und vielen anderen Themen. Oft können unsere eigenen Freunde jedoch keine so hilfreichen Ratschläge zu diesen Themen geben, weil sie auf diesen Gebieten selbst erst Erfahrungen sammeln müssen. Aber die Bibel ist voll von Weisheiten, die sich auf Freundschaften, die Schule und das Leben im Allgemeinen beziehen.

Anfangen kann man mit den Predigten von Jesus in den Evangelien. Deine Jugendleiterin, Eltern oder andere Erwachsene können dir sicher helfen zu verstehen, wie du die Worte von Jesus auf deine persönlichen Lebenssituationen anwenden kannst. Jesus stellt uns liebevolle Erwachsene in unser Leben, weil er weiß, wie schwer diese Jahre des Erwachsenwerdens sein können, und dass jeder von uns da Hilfe braucht.

Zum Nachdenken

- **Wo suchst du momentan nach Weisheit, wenn das Leben schwierig oder rätselhaft ist? Führst du ein Tagebuch? Triffst du sich mit einem vertrauenswürdigen Erwachsenen? Gibt es intensive Gespräche zwischen dir und deinen Eltern?**

- **In welchen Lebensbereichen brauchst du derzeit Weisheit? Beim Thema Freundschaften, Jungs, Schule oder bei anderen Themen?**

CHALLENGE FÜR DICH

Bitte einen Erwachsenen, der dich liebt, mit dir zu besprechen, wie du in schwierigen Fragen eine weise Lösung suchen und finden könntest.

FREUNDSCHAFT IN AKTION

Vielleicht willst du ja die Idee von Julie und ihrer Mutter aufgreifen und selbst ein solches „Dialog-Tagebuch" mit deiner Mutter oder einer anderen Vertrauensperson führen? Du kannst natürlich auch dein eigenes Büchlein führen, vielleicht ein Gebetstagebuch, in das du deine Fragen an Gott schreibst und ihn darin um Weisheit und gute Lösungen bittest. Eine andere Idee: Besprich mit einer Vertrauensperson regelmäßig, welchen „Aha-Moment der Woche" du hattest, also darüber, was du in der zurückliegenden Woche gelernt hast.

87

Das Herz prüfen

Kristin

Mit Feuer prüft man die Reinheit von Silber und Gold,
der Herr aber prüft die Herzen.

Sprüche 17,3

In der Grundschule hatte Emma gute Freunde, aber als sie an die weiterführende Schule wechselte, war es wie ein kompletter Neuanfang. Es gab fünf Parallelklassen, und die einzigen Leute, die Emma in ihrer Klasse kannte, waren Jungs, mit denen sie in der Grundschule befreundet gewesen war. Alle Mädchen waren fremd.

Nun versuchte Emma, sich mit den Mädchen anzufreunden, aber oft hörte sie, wie die Mädchen über sie tuschelten und sagten, Emma sei nur mit Jungs befreundet. Sie fühlte sich ausgeschlossen. Darum beschloss Emma nach einiger Zeit, lieber bei ihren bisherigen Freunden zu bleiben, als sich um neue Freundschaften zu bemühen.

Eines Tages setzte sich im Chor ein Mädchen neben Emma und schob ihre Füße unter den Stuhl. Als Emma sie anschaute, lächelte sie. „Hallo, ich bin Thea“, sagte sie und beugte sich etwas herüber. Ihre Stimme wirkte offen und freundlich, und Emma spürte, wie sie sich innerlich entspannte, während sie über Lehrer und Klausuren redeten.

Nach ein paar Wochen sagte Thea, dass sie sich gerne mal mit Emma treffen würde, aber Emma war misstrauisch. Sie befürchtete, dass Thea nur so freundschaftlich tat, um ihre Jungs-Freunde kennenzulernen. Trotzdem wollte sie der Sache eine Chance geben. Wenn Thea wirklich die Zeit mit Emma genießen würde, ohne die Jungs zu erwähnen, wäre das ein Zeichen, dass sie eine echte Freundin sein wollte.

Wenn wir in der Vergangenheit verletzt oder ausgeschlossen wurden, fällt es uns oft schwer, anderen Menschen zu vertrauen. Wir hinterfragen beispielsweise die Motive der anderen oder ob ein Freundschaftsangebot ehrlich ist. Das biblische Buch der Sprüche erwähnt, dass Gegenstände wie Silber und Gold durch Feuer geprüft und geläutert werden, Gott hingegen die Herzen der Menschen prüft. Unsere Bereitschaft, uns anderen gegenüber zu öffnen und ihre Herzen zu prüfen (indem wir schauen, wie sie andere Menschen behandeln), wird uns Aufschluss darüber geben, ob jemand wirklich eine gute Freundin ist oder nicht.

Zum Nachdenken

- **Was bedeutet es, das Herz einer Person zu „prüfen"? Wie kannst du diesen Gedanken auf eine Freundschaft anwenden?**

- **Wenn du von anderen verletzt worden bist: Was könnte dir helfen, einem anderen Menschen wieder Stück für Stück zu vertrauen?**

CHALLENGE FÜR DICH

Überlege, mit wem du am allerlängsten befreundet bist. Schicke dieser Person einen Brief oder eine Nachricht und bedanke dich, dass eure Freundschaft schon so viele Bewährungsproben bestanden hat.

88

Eine andere Perspektive

Julie

Nun gibt es nicht mehr Juden oder Nichtjuden, [...] Männer oder Frauen. Denn ihr seid alle gleich in Jesus Christus.

Galater 3,28

„Woher kommst du?", fragte die Frau in der Schlange hinter Maira und Lynn.

„Ursprünglich komme ich aus Hamburg, aber ich bin vor einem Jahr hierhergezogen", antwortete Maira lächelnd.

„Ich meine, woher kommst du *ursprünglich*? Deine Haut ist zu dunkel, um aus Hamburg zu sein", fragte die Frau erneut.

Maira wurde es unbehaglich zumute. Sie ist in Deutschland geboren und aufgewachsen. Da ihre Eltern ursprünglich aus Indien stammen und Maira indisch aussieht, stellen Fremde manchmal blöde Fragen, die ihr vermitteln, dass sie sich zwischen den beiden Kulturen entscheiden müsse. Manchmal sagen die Leute richtig beleidigende Sachen oder machen Witze über ihre indische Kultur. Das ist unglaublich verletzend.

Lynn hätte nie gedacht, dass Maira im Alltag so oft völlig andere Erfahrungen macht als sie. Durch Maira hat Lynn aber auch festgestellt, dass sie selbst Fremden manchmal ungewollt Fragen stellt, die ihnen das Gefühl geben, Außenseiter zu sein. Nachdem sich die Frau abgewandt hatte, lächelte Lynn Maira vielsagend an und nahm sich vor, mit ihren Worten immer dafür zu sorgen, dass Menschen sich angenommen statt abgewiesen fühlen.

Mit Fremden können wir über tausend Sachen reden, die nicht unsere Unterschiede betonen. Die Fragen über die Unterschiede können wir uns aufheben, bis wir eng mit ihnen befreundet sind. Einbeziehen statt ausgrenzen geht beispielsweise so, dass wir zumindest am Anfang Gesprächsthemen finden, die unsere Gemeinsamkeiten hervorheben.

Jesus sagt, dass seine Familie aus wunderbaren Unterschieden bestehen wird, unterschiedliche Kulturen und Hautfarben, verschiedene Altersgruppen, zahllose Interessen. Es ist unfassbar gut, zu einer Familie zu gehören, die jeden willkommen heißt!

Zum Nachdenken

- Ruf dir eine Situation in Erinnerung, in der dir jemand durch eine Frage das Gefühl gab, ausgeschlossen zu sein. Was hätte diese Person stattdessen fragen oder sagen können?

- Auf welche Weise kannst du die Menschen in deiner Umgebung willkommen heißen, gerade die, die anders sind oder anders aussehen als du? Welche Gemeinsamkeiten könntest du betonen?

CHALLENGE FÜR DICH

Überlege dir, welche Fragen du einer Person beim ersten Kennenlernen stellst.

FREUNDSCHAFT IN AKTION

Denke voraus: Überlege dir zehn Fragen, die du stellen kannst, um ein Gespräch zu beginnen, das sich auf Gemeinsamkeiten anstelle auf Unterschiede konzentriert. Hier sind ein paar Vorschläge zum Einstieg:

- Was machst du am liebsten nach der Schule?
- Hast du ein Haustier?
- Wer ist dein Lieblingssänger oder deine Lieblingssängerin?
- Welche coole Sache gibt es, die die Leute über dich wissen sollten?
- Wenn du dir eine Superkraft wünschen dürftest, welche wäre das?

Jetzt bist du dran! Wenn du möchtest, kannst du natürlich auch mit Freunden oder Familienmitgliedern weitere Ideen sammeln.

89

Keine Konkurrentinnen

Kendra

In Jesus Christus sind wir Gottes Meisterstück. Er hat uns geschaffen, dass wir tun, was wirklich gut ist, gute Werke, die er für uns vorbereitet hat, dass wir damit unser Leben gestalten.

Epheser 2,10 (NeÜ)

„Los ... wer als Erste im Ziel ist!“, rief Paula über die Schulter ihrer Freundin Marlene zu. Sie schaute zurück und sah, wie Marlene das Tempo verlangsamte und einfach nur joggte. Paula blieb stehen, bis Marlene sie eingeholt hatte. „Was ist los?“, fragte sie.

„Es muss doch nicht alles ein Wettlauf sein“, antwortete Marlene und kickte einen Erdklumpen weg.

„Tut mir leid“, sagte Paula. „Du hast recht. Wir können einfach so zusammen ins Ziel laufen.“ Die beiden Freundinnen joggten locker bis zum Ende der Laufbahn.

Wir konkurrieren sehr oft miteinander: auf Sportplätzen, in Klassenzimmern, Musiksälen und Kunsträumen. Zwar ist es nicht verkehrt, als Teil eines Teams miteinander zu konkurrieren. Das spornt an und kann die Gemeinschaft in einem Team fördern. Doch im Reich Gottes sollten wir uns nicht im Wettbewerb mit anderen sehen.

Wir konkurrieren mit niemandem um Gottes Liebe oder seine Gnade. Weder brauchen wir um Träume für unser Leben zu konkurrieren noch um von Gott geschenkte Talente. Gott hat für jeden von uns Aufgaben und Perspektiven, deshalb sollen wir andere Mädels nie als Konkurrentinnen betrachten, wenn wir unsere eigenen Träume verwirklichen möchten.

Genau wie ein Gemälde als Kunstwerk gilt und völlig einzigartig ist, sieht Gott uns als Meisterwerk an! Wir wurden durch Jesus neu geschaffen, damit jeder von uns die guten Dinge tun kann, die Gott vor langer Zeit für uns geplant hat. Wenn wir diese Wahrheit begreifen, betrachten wir uns nicht mehr als Konkurrentinnen anderer Mädels, sondern sind frei, die Leute in unserem Umfeld bei ihrer Tätigkeit anzuspornen. Lasst uns Menschen sein, die andere groß machen, und gleichzeitig fröhlich die Leidenschaften umsetzen, die Gott persönlich dir und mir geschenkt hat!

Zum Nachdenken

- **Hast du manchmal das Gefühl, dass du mit anderen Mädchen konkurrierst? Warum bzw. warum nicht?**

- **Welche Interessen oder Leidenschaften hat Gott in dich hineingelegt?**

CHALLENGE FÜR DICH

Feuere deine Freundinnen an, indem du sie darin bestärkst, dass ihre Begabungen einmalig und von Gott geschenkt sind. Und rede mit jemandem darüber, welche Gaben und Leidenschaften du bei dir schon entdeckt hast.

90

Sommercamp-Freundschaften

Kristin

Ich sage dir: Sei stark und mutig! Hab keine Angst und verzweifle nicht. Denn ich, der Herr, dein Gott, bin bei dir, wohin du auch gehst.

Josua 1,9

„Malin, möchtest du dieses Jahr in ein Reitcamp?“, sagte Malins Mutter eines Tages beim Frühstück.

Den Mund voller Cornflakes, dachte Malin beim Kauen einen Moment nach. Die Fotos und die Beschreibung in dem bunten Prospekt sahen interessant aus, aber sie würde dort niemanden kennen. Dann schluckte sie ihre Ängste mit dem Frühstück hinunter und nickte. „Ja, das klingt cool!“, sagte sie.

Als es so weit war und ihre Mutter sie zum Camp fuhr, war Malin ganz schlecht vor Aufregung. Würde sie sich mit den anderen Mädchen verstehen? Was, wenn die anderen schon untereinander befreundet sind? Ihr war bewusst, dass Jesus bei ihr ist, aber trotzdem machte sie sich Sorgen darüber, ausgeschlossen zu werden oder nicht in die Gruppe zu passen. Als sie schließlich ankamen, hörte Malin, wie sich die Mädchen in ihrer Hütte gegenseitig vorstellten.

„Ich bin Anna-Sophie.“

„Ich bin Larissa. Woher kommst du?“, fragte Larissa.

„Aus Köln“, antwortete Anna-Sophie.

Malin hielt die Luft an. „Echt? Ich bin auch aus Köln!“

„Ich komme auch aus der Gegend“, warf Larissa ein.

Im Laufe der Woche freundete sich Malin mit Anna-Sophie und Larissa an. Sie stellten fest, dass sie nur ein paar Kilometer voneinander entfernt wohnten. Sie waren die ganze Strecke zum Camp gefahren, nur um Freunde zu treffen, die zu Hause in der Nähe wohnten!

Die Bibel ermutigt uns, jeden Tag mutig anzugehen, weil Gott immer bei uns ist. An diesem Versprechen, dass er immer bei dir ist, „wohin du auch gehst“, kannst du dich festhalten, wenn du etwas Neues wagst. Immer wenn wir auf der Suche nach Abenteuern (und Freundschaften) unsere Angst überwinden, geben Gottes Trost und seine ständige Gegenwart uns den nötigen Mut.

Zum Nachdenken

- **Hast du schon mal ein Erlebnis oder eine Erfahrung gehabt, die dir im Voraus Sorgen bereitete? Was hat diese Erfahrung in dir ausgelöst: Würdest du in Zukunft wieder etwas Neues ausprobieren oder eher nicht?**

- **Was bedeutet es, dass wir Gott immer bei uns haben, wohin wir auch gehen?**

CHALLENGE FÜR DICH

Sei mutig in deinen Freundschaften und probier diese Woche mal etwas Neues aus. Vielleicht ein neues Spiel, etwas, das ihr gemeinsam kocht oder backt, einen Sportkurs oder einen Kreativkurs an der Volkshochschule …

FREUNDSCHAFT IN AKTION

Überlege dir Aktivitäten, die du gern mal machen würdest. Folgende Fragen kannst du dir dabei stellen:

- Gibt es etwas, was du schon lange einmal ausprobieren wolltest?
- Welche Themen oder Erfahrungen interessieren dich?
- Mit welchen Kosten musst du bei dieser Aktivität rechnen?
- Welche Sache klingt nach richtig viel Spaß?
- Wo würdest du gern freiwillig mitarbeiten?
- Passt diese Aktivität in deinen Zeitplan und zu den Werten deiner Familie?
- Unternimmst du gerne etwas mit anderen Menschen oder lieber allein?
- Gibt es eine Aktivität, zu der du mit einer Freundin zusammen hingehen könntest?

91

Fair streiten

Julie

Lass dich nicht mit einem Jähzornigen ein, halte dich von einem Hitzkopf fern, sonst wirst du am Ende genauso wie er und bringst dich selbst zu Fall!

Sprüche 22,24-25 (Hfa)

„Herzchen, ruf Annalena besser an und rede drüber, anstatt nur Nachrichten zu schreiben", warnte Lindas Tante.

Annalena hatte Linda beschuldigt, etwas gesagt zu haben, was sie nicht gesagt hatte. Linda hatte keinen Bock, mit Annalena darüber zu reden, und verdrehte innerlich die Augen über ihre Tante. Sie ignorierte den Ratschlag.

Leider verstand Annalena Lindas getippte Erklärung falsch und wurde noch wütender. Annalena beschimpfte Linda mit üblen Worten und brachte mehrere Mitschülerinnen gegen Linda auf. Linda war todtraurig und konnte nicht verstehen, wie aus einem kleinen Missverständnis ein so großer Streit geworden war.

Es ist ganz normal, dass wir mit unseren Freunden und Klassenkameraden manchmal Konflikte und Missverständnisse haben. Doch stell dir vor: Die Bibel hat viel über Wut zu sagen, denn dieses Gefühl kennt jeder Mensch. Jesus weiß das. Er weiß auch, wie zerstörerisch Wut sein kann, wenn wir nicht richtig damit umgehen. In den Sprüchen steht der Tipp, dass wir Menschen meiden sollen, die gerne streiten und diskutieren, damit wir nicht die gleichen Gewohnheiten annehmen. Und damit wir nicht in ihre Konflikte verwickelt werden und am Ende unglücklich sind.

Es gibt vier Richtlinien für eine gesunde Auseinandersetzung (Regeln für faires Streiten), mit denen wir nicht in die Streit-Wut-Falle treten. **Erstens:** Sag keine Schimpfwörter zu anderen. **Zweitens:** Ziehe andere nicht in den Streit hinein und verlange von niemandem, für eine Seite Partei zu ergreifen. **Drittens:** Fasse in der Wut niemals eine andere Person an. **Viertens:** Besprich Meinungsverschiedenheiten mit dem Betreffenden persönlich oder am Telefon. Tippe keine Nachricht! Selbst alle Emojis der Welt können nicht deine echten Gefühle und den richtigen Tonfall vermitteln.

Wenn du in wütenden Situationen übst, die Regeln für faires Streiten einzuhalten, hilft es dir sicher, dass die Situation nicht so endet wie bei Linda und Annalena.

Zum Nachdenken

- **Welche der Regeln für faires Streiten sind für dich am schwersten, welche am leichtesten umsetzbar?**

CHALLENGE FÜR DICH

Suche eine der vier Regeln für faires Streiten aus, die dir eher schwerfällt, und übe diese Woche diese Fähigkeit.

92

Zu viel Gerede

Kristin

Rede nicht zu viel, denn das führt schnell dazu, dass man andere verletzt. Sei klug und halte dich mit deinen Worten zurück!

nach Sprüche 10,19

Alva zog Mena zu sich ran: „Hast du gehört, was Luana über dich erzählt?“

Menas Augen weiteten sich, als Alva die Gerüchte erzählte, die sie gehört hatte. Luana und Mena waren keine engen Freundinnen, hatten aber einen gemeinsamen Freundeskreis. „Keine Ahnung, warum sie so etwas rumerzählen sollte“, antwortete Mena und versuchte den Gedanken abzuschütteln, während sie zur nächsten Unterrichtsstunde ging.

Im Laufe des Schultags fragten immer mehr Leute bei ihr nach, ob das stimmte, was Luana gesagt hatte. Das tat Mena zunehmend weh. Als sie wieder auf das Thema angesprochen wurde, sagte Mena böse Dinge über Luana.

In diesem Moment fühlte es sich für Mena so an, als sei ihre Wut gerechtfertigt. Aber in den nächsten Stunden wurde der Konflikt schlimmer, und Mena erkannte, dass sie falsch reagiert hatte. Luana schlechtzumachen, ließ sie nun selbst in keinem guten Licht dastehen. Als ihre Wut langsam abkühlte, machte sich das schlechte Gewissen bemerkbar. Sie wünschte, sie hätte anders reagiert, aber jetzt war es zu spät.

Jeder von uns kennt das: Wir sind verletzt, weil etwas über uns rumerzählt wurde, und schießen dann mit bösen Worten zurück, weil wir uns ungerecht behandelt fühlen. Aber die Bibel sagt, dass zu viel reden dazu führen kann, das nichts Gutes dabei herauskommt! Das bedeutet nicht, dass es eine Sünde ist, wenn man gerne mit Menschen spricht. Es ist das gedankenlose Reden, was uns in Schwierigkeiten bringt.

Der Ratschlag, „sich mit Worten zurückzuhalten", bedeutet, dass wir unsere Worte sorgfältig wählen sollten. Anstatt Dinge zu sagen, die wir später bereuen, ist es besser, sich für Schweigen und Freundlichkeit zu entscheiden.

Zum Nachdenken

- **Hast du dir schon mal gewünscht, du hättest den Mund gehalten, anstatt wütend auf die unfreundlichen Worte von jemandem zu reagieren? Was ist passiert, nachdem du auf den Angriff eingegangen bist?**

- **Mit welchen Strategien könntest du dich selbst davon abhalten, Dinge zu sagen, die du später bereust?**

CHALLENGE FÜR DICH

Wenn dich jemand provoziert, weigere dich, vorschnell irgendwas zu antworten oder unüberlegt zu reagieren. Und generell: Übe, weniger draufloszureden, indem du deinen Freunden gezielte Fragen stellst und dann erst mal zuhörst. Denk mal darüber nach, welche Auswirkungen es auf andere hat, sowohl im Positiven als auch im Negativen, wenn wir mehr auf unsere Worte achtgeben.

FREUNDSCHAFT IN AKTION

Nimm ein großes Marmeladenglas und gestalte für dich selbst ein „Freundschaftsglas“, indem du es mit hübschem Papier, Glitzer, Strasssteinen oder sonstiger Deko beklebst. Stelle das Glas an einer Stelle auf, die du oft siehst. Jedes Mal, wenn jemand etwas Nettes für dich tut oder zu dir sagt, schreibe es auf und lege den Zettel in das Glas. Dann kannst du an schwierigen Tagen einen Zettel herausnehmen und ihn lesen, um dir wieder bewusst zu machen, dass du gute Freunde und wertvolle Beziehungen hast! (Irgendwann später kannst du dir Zeit nehmen, deinen Freunden zu erzählen, wie viel dir diese liebevollen Gesten bedeuten …)

93

Wie denkst du über Gott?

Kendra

Gnädig und barmherzig ist der Herr; groß ist seine Geduld und grenzenlos seine Liebe!

Psalm 145,8 (Hfa)

„Mir fällt es schwer, Gott als liebenden Vater zu sehen, weil mein Vater so distanziert ist“, gab Nora eines Tages in ihrer Jugendgruppe zu, als sie ein Gespräch über Gottes Liebe führten.

Schon immer war Nora Christ. Aber wegen der schwierigen Beziehung zu ihrem Vater, der streng und nicht oft da ist, fragte sie sich manchmal, ob Gott sich wirklich um die kleinen Dinge in ihrem Leben kümmert.

„Das tut mir so leid für dich“, sagte Jakob, der Gruppenleiter. „Was würdest du hoffen, wie Gott ist?“

Nora zupfte an ihrem Shirt. „Freundlich. Und liebevoll.“

Jakob nickte. „Noch jemand?“

„Dass er verzeiht“, sagte das Mädchen neben Nora.

„Und einfühlsam“, meldete sich ein Junge von der anderen Seite der Runde.

„Ja“, bestätigte Jakob. „Ich glaube, Gott ist wirklich so, aber wir müssen den Blick dafür bekommen, diese Eigenschaften zu erkennen. Lasst uns doch Gott mal darum bitten, uns zu zeigen, wie er wirklich ist.“

Die Gruppe nickte zustimmend und dann beteten sie zusammen.

Im Laufe dieser Woche erhielt Nora einen Anruf von einer Freundin, die einfach quatschen wollte. Dabei wurde Nora an die Liebe Gottes erinnert. Als sie in der Bibel las, stieß sie auf einen Vers über Gottes Güte und Barmherzigkeit. Da musste sie lächeln und freute sich, dass es stimmte.

„Ich danke dir, Gott, dass du so viele gute Eigenschaften hast“, betete sie. „Zeig mir immer mehr, wie du bist.“

Jedem von uns kann es passieren, dass Beziehungen in unserem Leben unser Bild von Gott verzerren. Jedoch ändert das nichts an der Tatsache, dass Gott gut und liebevoll ist. Wir brauchen nie daran zu zweifeln, wie er wirklich ist, denn in seinem Wort können wir seine Eigenschaften nachlesen. Er wird sich nie vor uns verstecken!

In der Bibel wird immer wieder beschrieben, dass Gott gütig und barmherzig ist und viel Geduld mit uns hat. Seine Liebe hört nie auf und lässt uns nie im Stich!

Zum Nachdenken

- **Was glaubst du, wie Gott über dich denkt? Beschäftige dich mal damit, woher deine Gedanken oder Prägungen kommen.**
- **In welchen Situationen hast du Gott bereits als einen guten Freund erlebt?**

CHALLENGE FÜR DICH

Danke Gott für die Momente, in denen er dir bereits ein guter Freund gewesen ist.

94

Das gemeine Mädchen in deinem Kopf

Julie

Weder Hohes noch Tiefes oder sonst irgendetwas auf der Welt können uns von der Liebe Gottes trennen, die er uns in Jesus Christus, unserem Herrn, schenkt.

Römer 8,39 (Hfa)

Ihh! Mitten auf meiner Nase ist so ein komischer Hubbel. Warum habe ich überhaupt versucht, eine Rolle im Theaterstück zu kriegen? Niemals nehmen die jemanden für die Rolle, der so schrecklich aussieht wie ich. Rabea hielt mitten im Gedanken inne und beugte sich noch näher zum Spiegel. „Bäh. Igitt! Ist das ein Pickel an meinem Kinn?“, rief sie völlig entsetzt. *Ich bin so eklig!*

Hast du auch so ein gemeines Mädchen in deinem Kopf wie Rabea? Eine innere Stimme, die dir permanent sagt, wo du versagst und dass andere besser, schlauer, hübscher sind als du? Weißt du, dass viele Mädels mit so einer Stimme zu kämpfen haben, selbst wenn sie erwachsen sind? Wir hören auf das gemeine Mädchen und halten ihre giftigen Kommentare für die Wahrheit, selbst wenn liebende Menschen uns das Gegenteil sagen.

Diese innere Stimme ist keine Freundin! Sie sagt uns nicht die Wahrheit und ist nicht die Stimme, auf die wir nach Jesu Willen hören sollen. Wenn wir auf sie hören, hält sie uns davon ab, all die Dinge zu tun, die Jesus eigentlich für uns geplant hat. Sie kann sogar bewirken, dass wir uns einsam und von Gott entfernt fühlen. Dabei erinnert Paulus uns im Römerbrief daran, dass keine Sache, keine Handlung und kein Ort auf der Welt uns jemals von Gottes Liebe trennen können.

Wie können wir das gemeine Mädchen in uns zum Schweigen bringen? Zuerst müssen wir lernen, diese Stimme zu entlarven. Wenn du anfängst, dich innerlich fertigzumachen, sei einen Moment still und frage dich, ob du diese Worte auch zu deiner besten Freundin sagen würdest. Wenn nicht, ist es wahrscheinlich das gemeine Mädchen, das da redet.

Zweitens: Ersetze diese Worte durch Worte eines wahren Freundes: Jesus. Jesus hat so viel über dich zu sagen, und alles ist voll mit der Verheißung einer guten Zukunft! Lass seine Worte deine Gedanken erfüllen und nicht die Worte des gemeinen Mädchens.

Zum Nachdenken

- **Schreib eine Liste mit den Kommentaren, die dir die gemeine innere Stimme einredet, und bitte einen vertrauensvollen Erwachsenen, das Gleiche für sich selbst zu tun. Vergleicht dann eure Listen. Welche der Aussagen ähneln sich?**

- **Bitte diesen Erwachsenen (oder auch deinen Jugendleiter), dir bei der Suche nach passenden Bibelversen zu helfen, die dich daran erinnern, wer du wirklich bist und zu wem du gehörst. Schreibe sie auf und hänge sie an eine Stelle, die du oft siehst.**

CHALLENGE FÜR DICH

Jedes Mal, wenn sich das gemeine Mädchen in dir meldet, sag dir innerlich sofort eine passende Bibelstelle auf, die diese Lügenaussage über dich korrigiert und dir die Wahrheit über dich deutlich macht.

FREUNDSCHAFT IN AKTION

Lade ein paar Freundinnen zu einem Kreativnachmittag ein. Holt euch weiße Karteikarten oder Tonkarton, Filzstifte und Farben, um damit je fünf Karten zu gestalten, auf denen jeweils ein ermutigender Bibelvers steht. Die Kärtchen könnt ihr dann an euren Badezimmerspiegel, euren Nachttisch, auf einen Schulordner und an weitere Stellen kleben, die ihr sehr oft im Blick habt.

95

Du kannst Gott um Freunde bitten

Kendra

Wir dürfen zuversichtlich sein, dass er uns erhört, wenn wir ihn um etwas bitten, das seinem Willen entspricht.

1. Johannes 5,14

„Ich kenne viele Leute und bin bei tausend Aktionen dabei", gestand die 22-jährige Karola ihrer jüngeren Schwester Maike eines Abends. „Aber ich habe keine engen Freunde."

„Aber du bist doch immer mit Leuten zusammen", erwiderte Maike, während die beiden auf Karolas Balkon saßen. Sie wusste, dass ihre erwachsene Schwester freundlich und aufgeschlossen war.

„Ja, das stimmt", antwortete Karola. „Trotzdem fühle ich mich einsam. Darum habe ich Gott um Freunde gebeten. Jetzt habe ich ein paar junge Frauen aus der Gemeinde zu einem Buchtreff bei mir zu Hause eingeladen."

Einige Wochen später erzählte Karola Maike am Telefon, dass alle eingeladenen Frauen zugesagt hatten. Schon nach wenigen Treffen begannen sie, sich ehrlich über die guten und schweren Dinge in ihrem Leben auszutauschen, einander zu ermutigen und füreinander zu beten. Karolas Gebet war erhört worden! „Du kannst Gott auch um Freunde bitten, Maike", sagte sie am Ende ihres Telefongesprächs.

Dieser Satz brachte Maike ins Nachdenken. Sie fragte: „Hm, würdest du mit mir beten?"

„Klar!", antwortete Karola.

Bald darauf bemerkte Maike ein neues Mädchen in der Chorprobe. „Hallo, ich bin Maike", sagte sie zu dem Mädchen. „Der Platz neben mir ist frei, wenn du magst."

Das Mädchen nickte lächelnd. Als sie sich setzte und die beiden zu plaudern begannen, hatte Maike ein gutes Gefühl. Sie hatte den Rat ihrer Schwester befolgt, für Freunde zu beten und gleichzeitig aktiv die Freundschaft zu suchen.

Man muss nicht warten, bis man älter ist, um wahre Freunde zu finden. Wir können Gott um Hilfe bei der Suche nach Freunden bitten, ganz gleich, wie alt oder jung wir sind. Gott erhört unsere Gebete, weil er nicht will, dass wir allein durchs Leben gehen müssen.

Zum Nachdenken

- **Kannst du dich an eine Phase erinnern, in der du einsam warst? Wie hast du in dieser Zeit eine neue Freundin gefunden?**

- **Wer in deinem Umfeld fühlt sich vielleicht einsam? Könntest du dich mit dieser Person anfreunden?**

CHALLENGE FÜR DICH

Wenn du einsam bist, bete. Bitte Gott, dir eine gute Freundin zu schenken. Halte dann Ausschau danach, wer deine neue Freundin werden könnte, und fange ein Gespräch an.

96

Sich in Liebe führen lassen

Kristin

Alles, was ihr tut, soll in Liebe geschehen.

1. Korinther 16,14

Lotte verstand die Welt nicht mehr! Debbie und sie waren schon eine Zeit lang zusammen im Orchester und Lotte hielt sie für eine gute Freundin. Doch jedes Mal, wenn sie Debbie fragte, ob sie am Samstag bei ihr übernachten wolle, sagte Debbie Nein. Das Komische war: Debbie sagte immer sofort ab, ohne darüber nachzudenken oder ihre Mutter zu fragen.

„Ich versteh das nicht!", gestand Lotte ihrer Mutter und erzählte von den ständigen Absagen.

„Vielleicht steckt mehr dahinter", meinte ihre Mutter. „Soll ich mal mit Debbies Mutter reden, um zu sehen, ob wir eine Lösung finden?"

Lotte nickte erleichtert.

Beim nächsten Orchesterkonzert ging Lottes Mutter auf die Mutter von Debbie zu und fragte sie vorsichtig danach.

„Das liegt daran, dass wir samstags in die Synagoge gehen. Debbie weiß das natürlich", antwortete die Mutter. Ihr jüdischer Glaube war der Grund, dass sie am Samstagabend in den Gottesdienst gingen.

„Das verstehe ich", sagte Lottes Mutter und überlegte. „Ich möchte euch keine Umstände machen, aber wir hätten nichts dagegen, wenn Lotte mit eurer Familie in die Synagoge geht."

Von da an wechselten sich die Mädchen ab. Wenn Lotte bei Debbie übernachtete, ging sie mit deren Familie in die Synagoge. Wenn sie bei Lotte übernachteten, ging Debbie am Sonntag in die Kirche. Auf diese Weise hatten die beiden Freundinnen eine Lösung gefunden, die beide Familien respektierte, ihnen aber trotzdem den Spaß einer gemeinsamen Übernachtung ermöglichte.

Jesus liebt jeden Menschen! Wir sind seine Botschafter hier auf Erden und sollen unserem Umfeld seine Liebe zeigen. Manchmal bedeutet das, für eine Freundin da zu sein. Ein anderes Mal bedeutet es, nach Wegen zu suchen, die den Glauben einer Freundin respektieren, ohne dass wir unseren eigenen Glauben aufgeben müssen.

Zum Nachdenken

- **Was bedeutet für dich der Satz: „Alles, was ihr tut, soll in Liebe geschehen“?**

- **Wie könntest du verständnisvoll und liebevoll auf eine Freundin reagieren, die eine andere Tradition oder einen anderen Glauben hat als du?**

CHALLENGE FÜR DICH

Bitte eine Freundin, dir etwas aus ihrem Leben zu erzählen, von dem du keine Ahnung hast.

FREUNDSCHAFT IN AKTION

Sammle Ideen für Mahlzeiten oder Snacks, die du mit einer Freundin bei eurer nächsten Übernachtung zubereiten könntest: Wraps befüllen, selber Pizza backen, Eisbecher kreieren oder Cookies backen ... Oder ihr macht zusammen eine Kissenschlacht oder mixt euch ein Zitronen-Gesichtspeeling.

97

Mobbing – mach nicht mit!

Kendra

So gebe ich euch nun ein neues Gebot: Liebt einander. So wie ich euch geliebt habe, sollt auch ihr einander lieben. Eure Liebe zueinander wird der Welt zeigen, dass ihr meine Jünger seid.

Johannes 13,34-35

„Wer ist das?“, flüsterten zwei Mädels, als eine neue Mitschülerin die Schule betrat.

„Weiß nicht. Aber ihre Haare sehen seltsam aus.“

Frida runzelte die Stirn, als sie die unfreundliche Bemerkung hörte. „Hallo, ich bin Frida“, sagte sie und ging auf das neue Mädchen zu. „Mach dir keine Gedanken wegen dieser Mädels, die sind zu keinem nett.“

„Danke.“ Das Mädchen lächelte schüchtern. „Ich bin Anouk.“

Anouk war von einer Schule in der Nachbarstadt hergewechselt. Und aus unerfindlichen Gründen hatten die beliebten Mädels der Schule beschlossen, die Neue nicht zu mögen. Jeden Tag schikanierten sie Anouk: Es gab Hänseleien über ihr Aussehen, ihre Figur oder ihre Kleidung. Es war furchtbar.

Im Laufe des Schuljahres wurde es immer schlimmer, weil andere Schüler mitmachten. Ihre Stärke lag in ihrer Anzahl. Niemand in der Schülerschaft traute sich, diese große Gruppe zur Rede zu stellen. Manchmal fühlte sich sogar Frida gedrängt, sich über Anouk lustig zu machen, aber ihr war klar, wie lieblos das wäre, deshalb verteidigte sie Anouk. Doch ihre Unterstützung brachte nicht viel.

Es gab auch einige Versuche der Erwachsenen an der Schule, dem Mobbing ein Ende zu setzen, aber das half nur für ein paar Wochen, dann wurden die Schüler wieder gemein. Nach einem halben Jahr beschloss Anouk, zurück an ihre alte Schule zu wechseln. Frida fand es schade, ihre neue Freundin ziehen lassen zu müssen, hoffte aber, dass es ihr an der anderen Schule besser gehen würde.

Solches Gruppenmobbing, das Anouk erlebt hat, zeigt, dass wir alle sehr schnell von einer Gruppendynamik mitgezogen werden können, sowohl zum Guten als auch zum Schlechten. Wir werden leicht von den Leuten in unserem Umfeld beeinflusst. Doch wir sind aufgerufen, einander zu lieben, denn das zeigt den Leuten um uns herum, dass wir zu Jesus gehören.

Zum Nachdenken

- **Hast du schon mal eine Gruppe von Leuten erlebt, die gemeinsam jemand anderen gemobbt oder sonst etwas Dummes getan hat?**

- **Wenn jemanden von mehreren Leuten gemobbt wird und du dabei bist: Wie kannst du reagieren? Sprich am besten mal mit einem Erwachsenen darüber. Denn du solltest verhindern, dass du selbst zum nächsten Mobbingopfer auserkoren wirst.**

CHALLENGE FÜR DICH

Nimm dir bewusst vor, nett zu jemandem zu sein, der oft geärgert wird.

98

Gemeinsam Gott dienen

Julie

Denn wo zwei oder drei zusammenkommen,
die zu mir gehören, bin ich mitten unter ihnen.

Matthäus 18,20

„Was steht da? Deine Geburtstagsparty ist im Tierheim?“, fragte Franka, als sie einen kurzen Blick auf die Geburtstagseinladung warf, die Liv ihr überreicht hatte.

„Ja, ist doch cool! Ich hab erst erfahren, dass so was geht, seitdem ich dort ehrenamtlich mithelfe. Wir dürfen ein paar brave Katzen kämmen, mit ein paar Hunden spielen und das Kaninchen Timmi knuddeln. Das Tierheim nutzt die Aktion, um ein Bewusstsein für Tiere zu schaffen, die ein Zuhause brauchen.“ Liv grinste, als sie sich alle Freundinnen beim Katzenbürsten vorstellte.

„Aber was ist mit Kuchen und Geschenken? Lässt du das weg?“

Livs Lächeln wurde noch stärker. „Also, Kuchen und Kerzen gibt es trotzdem. Aber beim Vorbereiten hat meine Pflegemutter mich gefragt, ob dieses Jahr alle Geschenke für die Tiere sein sollen. Ich hab es mir überlegt und will das so machen. Schau hier. Da gibt es eine Liste mit allen Sachen, die das Tierheim braucht, zum Beispiel Katzenminze, Hundeknochen und alte Handtücher.“

Manchmal entstehen die schönsten Erinnerungen mit Freunden dann, wenn wir gemeinsam etwas Gutes tun. Es ist etwas unglaublich Tolles, sich mit Freunden zusammenzutun und eine Mahlzeit in einem Obdachlosenheim zu servieren, Schuhkartons mit Spielsachen für arme Kinder zu packen oder Geschenkkörbe zusammenzustellen, um sie zum Muttertag in einem Frauenhaus abzugeben. Bei solchen Hilfsaktionen können wir beten, dass Gott uns und unsere Gaben zum Segen für andere einsetzt.

In der Bibel steht, dass es Kraft verleiht, wenn wir gemeinsam mit anderen Gott dienen. Und Gott ist mittendrin! Wenn wir Gott zusammen mit anderen dienen, lassen wir uns nicht so leicht entmutigen, lösen aber leichter auftretende Schwierigkeiten. Wir schaffen mehr, als wenn wir es allein tun würden, und es macht einfach mehr Spaß!

Zum Nachdenken

- Wo hast du schon mal mitgeholfen oder andere (z. B. Bedürftige) unterstützt? Wie war das für dich und für die Menschen, die deine bzw. eure Hilfe empfangen haben?

CHALLENGE FÜR DICH

Überleg mal, wie du dich mit deinen Freunden oder deiner Jugendgruppe an einem Hilfsprojekt beteiligen kannst, um zum Segen für andere zu werden. Sammelt verschiedenen Ideen. Welches Projekt nehmt ihr? Was braucht ihr? Wen holt ihr mit ins Boot?

FREUNDSCHAFT IN AKTION

Wie wäre es damit: Plane deine nächste Geburtstagsfeier rund um ein konkretes Hilfsprojekt, und bitte um Geschenke, die das Projekt unterstützen. Du wirst merken, wie sehr du selbst dabei beschenkt wirst!

99

Mehr als eine Mentorin

Kristin

Wie man Eisen durch Eisen schleift, so schleift ein Mensch den Charakter eines anderen.

Sprüche 27,17 (Hfa)

Esther blieb an der Tür zum Gemeindehaus stehen und holte tief Luft, bevor sie hineinging. Sie freute sich darauf, neu in die Jugendgruppe ihrer Gemeinde einzusteigen, war aber auch aufgeregt. Die Gruppe bestand aus 13- bis 19-Jährigen und Esther hatte noch nie viel Zeit mit deutlich älteren Jugendlichen verbracht. Darum war sie unsicher, ob sie in die Gruppe reinpassen würde.

Doch trotz ihres anfänglichen Zögerns fühlte sie sich schnell willkommen. Innerhalb weniger Wochen hatte sie sich mit einem Mädchen namens Chrissi angefreundet. Ihre neue Freundin war schon in der Oberstufe, aber ungeachtet ihres Altersunterschieds tat Chrissi alles, um Zeit mit Esther zu verbringen.

„Hey, hast du Lust, noch mit uns essen zu gehen?“, fragte Chrissi sie eines Tages nach der Jugendgruppe und zeigte auf eine Gruppe von Mädchen an der anderen Seite des Raumes. „Du kannst bei mir mitfahren. Ich bring dich hinterher heim.“

Esthers Augen leuchteten vor Aufregung, als sie schnell mit ihrem Stiefvater besprach, ob sie mit Chrissi mitfahren durfte.

Nach diesem Tag nahm Chrissi Esther häufiger mit zu den Veranstaltungen der Jugendgruppe. Sie integrierte Esther auf tolle Art in ihren Freundeskreis, sodass die sich wie eine echte Freundin fühlte und nicht wie ein kleines Kind, das sich dranhängt.

Die Freundschaft mit Chrissi stärkte Esthers Selbstvertrauen. Außerdem prägte sie Esthers weitere Zeit in der Jugendgruppe. Esther wuchs im Glauben und begann, andere zu unterstützen.

Die Bibel erinnert uns, dass wir uns als Freunde gegenseitig schleifen, so wie Messer geschliffen werden. Wenn man Eisenklingen aneinanderreibt, werden beide schärfer. Haben wir Freunde, die gerne Zeit mit Gott verbringen und freundlich zu anderen sind, dann motiviert uns das, selbst so zu handeln. So wie ein Eisen das andere nützlicher macht, ermutigen uns gute Freunde zu guten Dingen.

Zum Nachdenken

- **Auf welche Weise haben dich deine Freunde in bestimmten Lebensbereichen auf positive Weise beeinflusst bzw. „geschliffen"?**

- **Hast du den Eindruck, dass du deine Freunde beeinflusst hast, in bestimmten Lebensbereichen vorwärtszukommen? Wie hast du sie motiviert?**

CHALLENGE FÜR DICH

Denke an eine Freundin oder Mentorin, die dich inspiriert und dadurch in einem bestimmten Lebensbereich „schleift". Notier dir dann die Namen von einigen Freundinnen, die du auf dieselbe Weise motivieren möchtest, wie du motiviert wirst.

100

Sei ganz du selbst!

Julie

Denn du hast mein Innerstes geformt,
du hast mich gestaltet im Bauch meiner Mutter.

Psalm 139,13 (DB)

„Ich hätte gedacht, Robotik wird doof, aber es macht richtig Spaß. Danke, dass ihr mich gefragt habt!", sagte Lenja, während sie mit Moritz und Felix ihr Robotikmaterial zusammenpackte. „Wie sollen wir unser Team nennen?"

„Hm, letztes Jahr waren wir die Schnabeltiere und zogen zu allen Wettkämpfen Schnabeltierkostüme an. Wir wurden Dritter im Landeswettbewerb!" Moritz grinste stolz.

„Wir haben beschlossen, dass wir dieses Jahr wieder Kostüme brauchen", ergänzte Felix. „Dadurch unterscheiden wir uns richtig von den anderen Teams. Du hast doch nichts dagegen aufzufallen, oder?"

„Ja, ist okay. Solange wir *alle* die lustigen Kostüme anziehen", erwiderte Lenja.

„Ganz sicher. Wir ziehen sie alle an, aber nur zu den Treffen. Mach dir keine Gedanken, es wird echt cool!", beruhigte Moritz sie.

Auf ihrem Weg nach Hause betete Lenja: „Jesus, danke, dass du mir Freunde gibst, die mich so mögen, wie ich bin. Hilf mir, nie wieder in die Beliebtheitsfalle zu tappen. Amen." Lenja machte ein paar Hüpfschritte, aus Dankbarkeit für die Veränderung im Laufe des letzten Jahres.

Mit ihrem Wechsel an die weiterführende Schule hatte sie versucht, zu den beliebten Leuten zu gehören: so zu denken, zu handeln und auszusehen wie die coolen Schüler, aber innerlich war sie traurig und unglücklich gewesen. Schließlich hörte sie auf, sich zu verstellen. Stattdessen suchte Lenja nach Leuten, die sie so akzeptierten, wie sie ist. Sie fand mehrere Freunde, die dieselben Sachen mochten, und nun war das Leben auch wieder viel schöner.

Oft ist der Druck sehr hoch, dass wir etwas sein sollen, was wir gar nicht sind. Aus Angst vor dem Wort „Streber“ zeigst du in der Schule möglicherweise nicht, wie schlau du bist. Vielleicht sagt jemand zu dir, deine Hobbys und Interessen seien uncool. Doch Jesus wusste, was er tat, als er dir deine ganz eigenen Begabungen und Vorlieben schenkte. Er hat dich ganz bewusst sensibel und still oder eher extrovertiert und temperamentvoll gemacht, gab dir künstlerische oder sportliche oder naturwissenschaftliche Neigungen. Vertrau darauf, dass Jesus dich mit voller Absicht so geschaffen hat, wie du bist!

Zum Nachdenken

- **Was unterscheidet dich von fast allen anderen Leuten, die du kennst?**

- **An welchen Stellen bittet Jesus dich möglicherweise, deine einzigartigen Eigenschaften oder Talente zu nutzen, um der Welt seine Liebe zu zeigen?**

CHALLENGE FÜR DICH

Schreibe auf, welche Interessen und Hobbys du hast. Und dann schau mal, wie du eines dieser Hobbys oder Interessen einsetzen kannst, um anderen eine Freude zu machen.

FREUNDSCHAFT IN AKTION

Schreibe eine Dankbarkeitsliste! Notier dir Menschen und Dinge in deinem Leben, für die du dankbar bist. Du kannst auch ein Dankbarkeits-ABC schreiben. Zu jedem Buchstaben des Alphabets schreib eine Sache auf, zum Beispiel A – Abenteuer-Camp, B – Basketball, C – Chrissie usw.

Dein Kreativ-Journal

und kreativ gestaltet
Durchgehend farbig

Geschenktipp zur Konfirmation

Leseprobe auf gerth.de

Dieses kreative Journal begleitet durchs ganze Jahr. Es will ein Alltagsbegleiter sein und Impulse geben, um Gott besser kennenzulernen und das Leben bewusst zu feiern und zu gestalten. Mit vielen praktischen Ideen, Kalender-Elementen, Inspirationen sowie einigen leckeren Rezepten zum Nachmachen.

Lass dich überraschen, wie dein Glaube und dein Leben dadurch beflügelt werden!

GerthMedien

Ellen Nieswiodek-Martin / Deborah Pulverich (Hg.)
Konfetti-Momente • Broschur • 192 Seiten
ISBN 978-3-95734-969-9

Der Verlag weist ausdrücklich darauf hin, dass im Text enthaltene externe Links vom Verlag nur bis zum Zeitpunkt der Buchveröffentlichung eingesehen werden konnten. Auf spätere Veränderungen hat der Verlag keinerlei Einfluss. Eine Haftung des Verlags ist daher ausgeschlossen.

MIX
Papier | Fördert gute Waldnutzung
FSC® C018236
FSC www.fsc.org

Originally published by Tyndale House Publisher,
Carol Stream, Illinois, USA under the title „100 Daily Acts of Friendship for Girls"
Copyright © 2021 by Julie Fisk, Kendra Roehl, and Kristin Demery.
© der deutschen Ausgabe 2023 by Gerth Medien,
in der SCM Verlagsgruppe GmbH, Dillerberg 1, 35614 Asslar

Diesem Andachtsbuch liegt die Bibelübersetzung
Neues Leben. Die Bibel, © 2002 / 2006 /2017 SCM R. Brockhaus in der
SCM Verlagsgruppe GmbH, Holzgerlingen, zugrunde.
Weiterhin wurden folgende Übersetzungen verwendet:
Hoffnung für alle, © 1983, 1996, 2002, 2015 by Biblica, Inc. TM. (Hfa)
Das Buch. Neues Testament übersetzt von Roland Werner,
© 2009 SCM R. Brockhaus in der SCM Verlagsgruppe GmbH, Witten. (DB)
Gute Nachricht Bibel, revidierte Fassung, durchgesehene Ausgabe,
© 2000 Deutsche Bibelgesellschaft, Stuttgart. (GN)
Neue evangelistische Übersetzung, © 2014 Karl-Heinz Vanheiden. (NeÜ)

1. Auflage 2023
Bestell-Nr. 817937
ISBN 978-3-95734-937-8

Umschlaggestaltung: Hanni Plato unter Verwendung von Shutterstock
Satz: Immanuel Grapentin
Lektorat: Hella Thorn
Druck und Verarbeitung: Dimograf
Printed in Poland

www.gerth.de